Sangs *tae* Eimhir

DERRICK McCLURE

Furthpitten in 2011 frae
Acair Limitit, 7 James Street,
Stornoway, Isle o Lewis

Limnin o text an batter Margaret Anne Macleod

Acair awes muckle thank tae Carcanet Press Ltt for greein
tae thair gainprentin o the bardries frae Dàin do Eimhir.

Prentit by Gomer Press, Llandysul, Wales

The Gaelic Buiks Council hes assistit this furthpittin wi siller.

Acair is supportit wi siller frae Bòrd na Gàidhlig.

Air fhoillseachadh an 2011 le
Acair Earranta, 7 Sràid Sheumais,
Steòrnabhagh, Eilean Leòdhais

www.acairbooks.com
info@acairbooks.com

Dealbhachadh an teacsa agus a' chòmhdaich Mairead Anna NicLeòid

Tha Acair air na dàin Ghàidhlig a chleachdadh ann an rèite ri
Carcanet Press Limited.

Clò-bhuailte le Gomer Press, Llandysul, A' Chuimrigh

Chuidich Comhairle nan Leabhraichean am foillsichear le cosgaisean an leabhair.

Tha Acair a' faighinn taic bho Bhòrd na Gàidhlig.

ISBN 9780861523979

Sangs *tae* Eimhir

DERRICK McCLURE

**The *Dàin do Eimhir*
o Sorley MacLean**

**Owerset intae the
Lawlan Scots Tung**

Clàr-innse

Inhaudins

Inleit

In Sorley MacLean's *Dàin do Eimhir* we hae the grytest bardrie tae kythe in the Gaelic leid in the twentiet yearhunner, an yin o the grytest in aa the leid's lang historie: makars an scolars alike hes gree'd on that langsyne, an thare nae need for me tae argie it eenou. Tae owerset a wark o siccan a reenge an scowth – a wark at raxes til the benmaist merches o'ts leid, and finns intil't the pouer tae say mair nor hed e'er been said aforehaun – is a dauntonin darg; an I dout thare will be a fell curnie readers will jidge it unco bauld an furritsome in me tae mak the ettle. But the owersettin o poesie hes been a prattick o makars aa doun the ages: no anerlie for tae shaw furth thair oríginals for readars wi nae kennin o the fremmit leid, but forbye tae finn, or upbigg, in thair ain leids the fouth o wirds an wycins tae gar the vyces o the fremmit makars sing as thay sang in thair mither tungs.

The *Dàin do Eimhir* hes been owersetten or nou; the haill getherin intae Inglish an a curnie intae Scots. For the airest furthpittin,[1] the makar his sel screivit owersettins for the maist feck o thaim but no thaim aa, an hed thaim prentit no forenenst the Gaelic sangs but awa in the hinner-enn o the buik like an efterscreive. In the samin year, Douglas Young brocht out his *Auntran Blads*,[2] a spirlie wee buikie wi a hantle mair walth o leid an letters intil't nor mony a yin mair lourdie, inhaudin owersettins o therteen sangs o MacLean's, no aa frae the *Dàin*: thon yins wes intae a fouthie an forcie Scots. Sensyne, Iain Crichton Smith, a byous makar in baith Gaelic an Inglish, hes pitten maistlins aa the *Dàin* intae Inglish poesie.[3] The hinmaist ingetherin o aa MacLean's indytins[4] hed Inglish owersettins, again by the makar, on the conter pages: no aa sel an same tae the yins in the airlier buik, an prentit in lines like the Gaelic sangs insteid o rinnin like prose. An here I bode tae ye the first owersettin o the haill getherin intae the Lawland tung.

The first; but in the eftercome thare wull be mair, an aiblins brawer. A wittin at aabody bude tae tak tent o: thare nae siccan a thing as a perfit, a defínitif nor a hinmaist owersettin. Deed, thare nae merch set tae the weys a sang can be owerset: skeilie an braw tho ae owersetter's wark micht be, thare aye the scowth for anither ettle. See til nummer XXXIII o the *Dàin*:

Chan eil freastal nam bàrd
dealaichte bho fhreastal chàich:
bha 'm fortan le Donnchadh Bàn
is fhuair Uilleam Ros a shàth
den àmhghar, den chaitheamh 's den bhàs.

Gin this war pitten intae Inglish, wird by wird an wi nae assay at makin a sang o't, it wad kythe like:

"The fate of poets is not different from the fate of others: fortune was with Duncan the Fair, and William Ross got his fill of affliction, consumption and death."

MacLean's owersettin is:

The lot of poets is not
divorced from others' dispensation:
fortune was with Duncan Ban
and William Ross got his fill
of anguish, of consumption and death.[5]

Houbeit, MacLean's owersettins, gin we trou his ain wirds, wes pitten furrit no for tae be read as Inglish bardries, but jist for tae gar the beirin kythe in pairt tae fowk at hedna the skeil o readin in Gaelic. Forbye walin wirds wi a whein mair leirit a soun tae thaim an sneddin the sentence intae lines, he hesna ettl't tae pit muckle mair o poesie intae this nor thare wad be in the aefauld líteral owersettin. Iain Crichton Smith shapit it intae:

Not different the fate of bards
from those who do not work with words.
Luck was on Macintyre's side[6]
but William Ross was edified
with pain and consumption till he died.

As is eith tae see, Smith hes gart his lines rhyme, laestweys
in pairt;[7] an tae mak it sae he has walit a puckle wirds at's no aa
an haill straucht owersettins o the oríginals. Yince, tae my
jidgement, his wale hes been ill-reidit: MacLean gíes nae mout
at puir Weilam Ross wes *edifíed* wi the pynes he hed tae dríe, an
it's ill tae unnerstaun hou he coud hae been. Smith, houbeit, hes
bauldlie taen the wanchancie gait o a makar owrsettin anither
makar; an like ony suithfast screivar, lippent til his readars tae
wecht his mistaks agin his speedins.

Douglas Young wes yin o the maist heich-bendit o the
winnerfu coterie o makars eydent tae upbigg the Lawlan leid, an
it wes this an no the Inglish at he chuisit for his owersettins (frae
mony anither makar an mony anither leid forbye MacLean's
Gaelic).

The weird o makars is as muckle warth
as the weird o ither fowk on the yirth.
Donncha Ban's fortun ne'er rin furth,
but Weelum Ross was staad wi a fouth
o dule, consumption, and daith.

The prent o a makar's haun kythes here, wi pairt-rhyme an
forbye allíteration (*The weird o makars is as muckle warth* ...); an
the Scots wirds dinnles furth wi aa thair maucht: wha wadna gree
at thare a haep mair o a birr in ...*was staad wi a fouth*... nor in
"got his fill"? Smith an Young baith, forbye, hes gíen thair lines
a rhythm: no, siccar, a raiglar patren o lourd an licht makin iambs,
trochees or the like – Gaelic poesie hes ne'er uisit the likes o thon,
an aiblins the owersetters jaloused at it wes nae mair nott in an

ix

owersettin – but thay hae gíen ilka line aither thríe or fower dunts: in Young's version, fower in aa the lines or the lest, wi thríe. An here whit I hae made o't:

> Twynin thare nane atweish the weirds
> o makars an o ither cheils:
> Duncan the Fair funn sonse an seil,
> an Uilleam Ros the onfaa dríe'd
> o hertbrak, kirkyaird hoast an deid.

Wi Young I hae hainit the pairt-rhymes an eikit a curnie allíteration; an sae hae I duin in the maist feck o my owersettins. I hae caa'd Ross's ail *kirkyaird hoast*: a wird wi a mair wanchancie dinnle til't nor *consumption*. I hae ettl't forbye tae gíe the verse a mair steive an raiglar rhythm: binna the twa wirds *Twynin* an *Duncan* at the affgang o thair lines, the patren is iambic (licht-lourd). For mony o the sangs, tho no ilkane, I hae endytit in raiglar or nearhaun raiglar feet. Gaelic makars disna screive in iambs nor anapaests; but Scots makars can an aften dis; an tae my myn the mauchtie dirdum o a ballant in chyngeless feet gíes til't some pairt o the farrach at an owersettin o MacLean bude tae hae.

An I hae walit my wird-huird frae the fou rowth o the Scots tung. Gin whiles tae mak a rhyme, or whiles tae expreme a thocht, I hae inpitten a wird no eith tae finn in mony mous theday, thon's nae ill-daein. For gin ony tung in the warld can gíe tae MacLean a vyce tae haud furth in as bauld an crouse-like as in his ain Gaelic leid, it maun be the Lawland Scots.

The wird-huird o Scots is braw an fouthie, as makars sen Barbour hes funn. It is as furthie an fettle for bardrie in the modren vein as for the mair auld-farrant: it is the tung o Hugh MacDiarmid, Sydney Goodsir Smith an Wullie Hershaw forbye Allan Ramsay, Rabbie Burns an Robert Louis Stevenson. An the owersettin o mauchtie warks in ither leids hes been a ploy o Scots makars sen the skeiliest owersetter o hus aa, Gavin Douglas, pit the *Aeneid* intae the mither tung. Gin the Scots leid can gíe tae Virgil, an sinsyne Homer, Dante, Petrarch, Villon, Ronsard,

Racine, Molière, an o makars frae nearer-haun tae our ain days,
Quasimodo, Apollinaire, Akhmatova, Mayakovsky, Mandelstam,
Brecht an mony anither forbye, a hameilt tung tae sing wi, it can
bode a wordie welcome tae Sorley MacLean. Gin the owersettins
inhauden in this buik disna dae justice tae thair oríginals, it is
... nocht for that Scottis is in the selvyn skant,
But for that I the fouth of langage want ...
an gin that soud be sae, nae dout thare mony a craftier screiver can
win tae dae whit I coudna. Tae thaim I say, wi Gavin Douglas,
Quha can do better, sa furth, in Goddis name!

FITNOTES

1 Somhairle Mac Ghill Eathain, *Dàin do Eimhir agus Dàin Eile*, Glesga
(William McLellan), 1943.

2 Glesga (William McLellan), 1943.

3 *Eimhir*, Sorley MacLean an Iain Crichton Smith, Stornoway (Acair), 1999.

4 Somhairle MacGill-Eain / Sorley MacLean, *O Choille gu Bearradh:*
Dàin Chruinnichte / From Wood to Ridge: Collected Poems, Manchester
(Carcanet) an Embra (Birlinn), 1999.

5 I hae uisit the tentie edítion o Christopher Whyte: *Somhairle MacGill-Eain /*
Sorley MacLean: Dàin do Eimhir / Poems to Eimhir, Glesga (ASLS), 2002,
gainsichtit edítion Embra (Polygon), 2007.

6 This bard is caa't in Gaelic *Donnchadh Bàn Mac an t-Saoir*, "Fair-haired
Duncan, Son o the Jyner", an in Inglish Duncan MacIntyre.

7 Gin readars wi nae Gaelic ettles tae tak a scance at MacLean's sangs, thay
aiblins winna can finn ony rhymin intil thaim. But rhyme in Gaelic nottna,
an maistlins disna, kythe on baith consonans an vouels. In this sang, the
hinmaist syllab in ilka line hes an *à* : that is eneuch tae gar thaim aa rhyme
wi ither.

DÀIN DO EIMHIR

Ainmean nan Dàn

Dh'fhoillsicheadh 50 dhen trì fichead Dàn do
Eimhir a sgrìobh Somhairle MacGill-Eain air fad
nuair a nochd an leabhar *Dàin do Eimhir agus Dàin
Eile* ann an 1943 (ged a bha a dhà, VI agus XV, anns
na 'Dàin Eile'), ach cha tug MacGill-Eain ainm ach
air ochd dhiubh. Ach nuair a nochd cuid dhe na
Dàin do Eimhir ann an 1977 ann an leabhar de
dhàin thaghte, *Reothairt is Contraigh*, cha robh iad
idir ann mar shreath – 's ann a bha iad air an cur
am measg nan dàn eile – is thug am bàrd an uair
sin ainm air a h-uile gin a bha gun ainm. Thachair
an aon rud anns a' chruinneachadh *O Choille gu
Bearradh* ann an 1989, ach gu robh tuilleadh dhe
na Dàin do Eimhir san leabhar sin – 36 air fad.
'S iad na h-ainmean sin a chaidh a chleachdadh san
leabhar seo, agus air sgàth gu bheil cuid dhe na
Dàin do Eimhir nach do nochd san dà leabhar eile,
tha iad sin gun ainm fhathast.

SANGS TAE EIMHIR

Teitles o the Sangs

*Frae amang Sorley MacLean's saxty Sangs tae
Eimhir, 50 kyth't in the buik* Dàin do Eimhir
agus Dàin Eile, *furthpitten in 1943 (houbeit
twa o thaim, VI an XV, wes amang the 'Dàin
Eile' (Ither Sangs); but MacLean hed gien teitles
jist tae eicht o thaim. In 1977, a curnie o the
Sangs wes inhauden in the outwale* Reothairt is
Contraigh, *no in the oreiginal orderin but
sparpl't amang the ither poems in the buik
insteid; an this time the makar hed gien ilkane
o thaim a teitle. Mair o the Sangs – 36
aathegither – wes pitten intil the 1989 outwale*
O Choille gu Bearradh, *aa wi teitles again.
In the buik afore ye we hae uisit thir teitles; but
sen a whein o the sangs never kyth't in aither o
the twa outwales, thay bide wantin teitles still.*

xiii

I

A nighean a' chùil ruaidh òir,
fada bhuat, a luaidh, mo thòir;
a nighean a' chùil ruaidh òir,
gur fada bhuatsa mo bhròn.

Mi nochd air linne Ratharsair
's mo làmh air an stiùir,
a' ghaoth gu neo-airstealach a' crathadh an t-siùil,
mo chridhe gu balbh, cràiteach an dèidh do chiùil,
an là an-diugh 's a-màireach coingeis ri mo dhùil.

Ciar an ceò èalaidh air Dùn Cana,
frionasach garbh-shliabh is canach,
a' ghaoth an iar air aghaidh mara,
dh'fhalbh mo dhùil is dùiseal tharam.

Am bristeadh geal gu làr an tuinn,
a' ghaoth na sgal mu bhàrr a' chroinn,
ach sèideadh sgal, chan eil mo shuim
ri cath a dhùisgeas air muir luim.

A nighean a' chùil ruaidh òir,
fada bhuat, a luaidh, mo thòir;
a nighean a' chùil ruaidh òir,
gur glè fhada bhuat mo bhròn.

I

Oh my lass wi the reid-gowd hair,
ye're far frae the seekin o me, my dear;
oh my lass wi the reid-gowd hair,
far awa is my duil frae your care.

Alane the nicht in Raasay Soun
the tiller sweys aneth my haun.
Dowie it's nane, the wunn that waps the sail,
dumb is my hert, wantin your sang, an sair,
the day an the morn, deif tae my mangin, 's the same.

Haar creeps drumlie aroun Dun Cana,
fashious the braeside roch wi cotton,
wunn frae the wast on the sea's face cankert,
gaen is my howp an ower me cummer.

The swaws is brakin white tae the grunn,
abuin the mast-heid gowls the wunn,
but lat blafferts gowl an mak thair maen
on the gowstie sea – I'll tent thaim nane.

Oh my lass wi the reid-gowd hair,
ye're far frae the seekin o me, my dear;
oh my lass wi the reid-gowd hair,
far, far awa is my duil frae your care.

II A CHIALL 'S A GHRÀIDH

Ma thubhairt ar cainnt gu bheil a' chiall
co-ionann ris a' ghaol,
chan fhìor dhi.

Nuair dhearc mo shùil air t' aodann
cha do nochd e ciall a' ghràidh,
cha do dh'fheòraich mi mun trian ud.

Nuair chuala mi do ghuth cha d' rinn
e 'n roinneadh seo nam chrè;
cha d' rinn a' chiad uair.

Ach dhiùchd siud dhomh gun aithne dhomh
is reub e freumh mo chrè,
gam sguabadh leis 'na shiaban.

Leis na bha dhomh de bhreannachadh
gun d' rinn mi faileas strì;
gun d' rinneadh gleac lem chèill.

Bho dhoimhne an t-seann ghliocais seo
's ann labhair mi rim ghaol:
Cha diù leam thu, cha diù bhuam.

Air an taobh a-staigh mo ghaol,
mo thuigse air an taobh ghrinn,
is bhristeadh a' chòmhla bhaoth.

Is thubhairt mo thuigse ri mo ghaol:
cha dhuinn an dùbailteachd:
tha 'n coimeasgadh sa ghaol.

II MENSE AN LUVE

Gin our leid hes said that mense
is sel an same tae luve,
thare nae truith in't.

Whan my ee glisk't on your face
it wistna the mense o luve,
anent the third pairt I didna speir.

Whan I hard your vyce it didna
mak this twyin in my corp;
no the first time, it didna.

But it cam tae me onkent o me,
rivin the ruits o my corp,
soupin me wi't in its spindrift.

Wi aa the foresicht intil me
I made the shadda o a fecht,
a strauchle for the mense in me.

Out o the howes o this auncient wyceheid
cam my words tae my luve:
Nae wirth tae me's in you, nae wirth awa frae me.

On the benmaist side my luve,
on the bonnie side my kennin,
an the dwaiblie door wes brist.

An quo my kennin tae my luve:
we hae nocht adae wi doubleness:
we mell thegither in luve.

17

III AM BUAIREADH

Cha do chuir de bhuaireadh riamh
no thrioblaid dhian 'nam chrè
allaban Chrìosda air an talamh
no milleanan nan speur.

'S cha d' ghabh mi suim de aisling bhaoith –
coille uaine tìr an sgeòil –
mar leum mo chridhe rag ri tuar
a gàire 's cuailein òir.

Agus chuir a h-àilleachd sgleò
air bochdainn 's air creuchd sheirbh
agus air saoghal tuigse Lenin,
air fhoighidinn 's air fheirg.

III SEYS

Ne'er bude my hert tae drie sic seys,
nor siccan duilie pynin
for Christ's ain vaigins ower the yird
nor Heiven's millions shinin.

Ne'er tuik I tent o gowkin draems –
story-buik wuids sae green –
till my steive hert lap tae the glent o her smile
an her hair's gowden schene.

An her bonnieheid cuist a cloud
ower puirtith's stounin shame,
an ower the warld o Lenin's ingyne,
his tholin an his grame.

IV   GAOIR NA H-EÒRPA

A nighean a' chùil bhuidhe, throm-bhuidh, òr-bhuidh,
fonn do bheòil-sa 's gaoir na h-Eòrpa,
a nighean gheal chasarlach aighearach bhòidheach,
cha bhiodh masladh ar latha-ne searbh 'nad phòig-sa.

An tugadh t' fhonn no t' àilleachd ghlòrmhor
bhuamsa gràinealachd mharbh nan dòigh seo,
a' bhrùid 's am meàirleach air ceann na h-Eòrpa
's do bheul-sa uaill-dhearg san t-seann òran?

An tugadh corp geal is clàr grèine
bhuamsa cealgaireachd dhubh na brèine,
nimh bhùirdeasach is puinnsean crèide
is dìblidheachd ar n-Albann èitigh?

An cuireadh bòidhchead is ceòl suaimhneach
bhuamsa breòiteachd an adhbhair bhuain seo,
am mèinnear Spàinnteach a' leum ri cruadal
is 'anam mòrail dol sìos gun bhruaillean?

Dè bhiodh pòg do bheòil uaibhrich
mar ris gach braon den fhuil luachmhoir
a thuit air raointean reòta fuara
nam beann Spàinnteach bho fhòirne cruadhach?

Dè gach cuach ded chual òr-bhuidh
ris gach bochdainn, àmhghar 's dòrainn
a thig 's a thàinig air sluagh na h-Eòrpa
bho Long nan Daoine gu daors' a' mhòr-shluaigh?

IV EUROPE'S GREITIN

Oh lass wi the yella, lourd-yella, gowd-yella hair,
your mou's muisic an Europe's maen,
oh lass sae bonnie, lichtsome, lockerin, fair,
your kiss wad wile the wershness frae thir days' shame.

Wad your sang an your bonnieheid's glory tak awa
the deid fousome uggin o thir ongauns,
thaim at the heid o Europe, the reiver an rochian,
an the auld sang singin in your mou reid-vauntie?

Wad your white bouk an brou's sun tak frae me
yon blaik bedritten traitorie,
the attery creed an spite o the bourgeoisie,
an the merghlessness o our Scotland sae dwaiblie?

Wad bonnieheid an lown muisic twyne
the frushness frae me o this cause ayebidin,
the spang agin skaith o a Spanish miner,
an his great saul gaun doun but pynin?

Whit war the kiss o your lips sae pauchtie
aside ilka drap o praicious bluid faa'n
on the gowstie fells cauld an frostit
o the bens o Spain frae a steel column?

Whit ilka link o your heid gowd-yella
tae aa the puirtith, duil an hert-rug
faa'n an tae faa on the fowk o Europe
frae the Ship o Slaves tae the haill fowk's thirldom?

V

A nighean ruadh, 's trom an èire
   rinn an lèireadh 'nam chlì,
's, a ghaoil ghil, cruaidh an t-àmhghar
   rinn an sgàineadh 'nam chrìdh':
cha bhi m' aigne ri treuntas
   bhon dh'èirich do lì
no mo spiorad ri suairceas,
   air a bhuaireadh led bhrìgh.

'S iomadh oidhche fhada iomagain
   bha iomaluas 'nam shùrd
agus feasgar na h-iargain
   bha an t-iarann 'nam dhùil,
mo rag chridhe cruadhach
   ann an luasgan led shùil
agus m' fhuil shiùbhlach, làidir
   ann an cràdhlot led mhùirn.

O, a nighean ruadh àlainn,
   rinn thu màbadh air treòir
a bha àrdanach, uallach
   ro shuaimhneas do ghlòir:
tha do bhòidhchead gam chiùrradh
   ann an dùiseal is bròn
agus t' aghaidh gheal, shuairce
   air mo ruagadh bhom thòir.

'S, a nighean ruadh, chan e m' èire
   mi bhith 'n èirig na h-Eòrp',
's chan e goirteas mo shàth-ghal
   mi bhith fàgte gun m' eòl,

V

Reid-haired lassie, lourd the fraucht
  that gied my maucht its gaw,
fair an bonnie, sair the stang
  that rave my hert in twa.
Mettle disna draw my myn
  your dawin brie forenense,
gentrice hauds my spreit nae mair,
  delirit wi your sense.

Mony lang wanrestie nichts
  my aiverie thochts wes farin,
forenichts fou o duil an pyne
  my hopes wes steik't wi airn.
Tho my hert wes stainch as steel,
  your ee-glent gart it swee,
an my bluid sae swith an strang
  wes stoun't wi luve o ye.

Oh my bonnie reid-haired lass,
  ye lichtlied aa my maucht,
dink an pridefu tho it wes,
  afore your splendant saucht.
Deidlie skaith your fairheid gied
  wi dowie anger fell,
an your fair an gentie face
  hes dung me frae my dell.

Reid-haired lass, my fraucht is no
  tae ser as Europe's borra;
no for tynin o my wit
  the wershness o my sorra:

23

ach nach d' fhuair mi do ghaol-sa
tre bhaothaireachd dhòigh
agus faoineachd an t-saoghail
agus claoine mo sheòil.

Anerlie your luve I missed
wi doitrified intent,
waff'rie o the warld's weys
an ettles gaen asklent.

VI

A dh'aindeoin ùpraid marbhaidh
anns a' Ghearmailt no san Fhraing
bidh mo chuimhne air bòrd san taigh seo
dà oidhche 's mi ann.

Am bliadhna roghainn na h-Albann,
an nighean ruadh, clàr na grèine;
's a' bhòn-uiridh an nighean bhàn,
roghainn àlainn na h-Èireann.

VI

Mauger connachin's mineer
ower in France or Germanie,
aye I'll myn this hous, its buird,
an the twa nichts gaen for me.

This year Scotland's wale it wes,
reid-haired lass wi sin-bricht brie,
twa year syne the lint-haired lass,
loesome wale o Ireland she.

VIII   AN CLOGAD STÀILINN

The innocent and the beautiful
Have no enemy but time.

W B Yeats

Bha dùil leam gun do chreid mi bhuatsa
briathran cuimir an duain ud;
agus ar leam nach do shaoil mi
gum faicinn aomadh an cluaine.

Ach thuig mi gum b' fhaoin do smuain-sa
nuair chunnaic mi an Diluain sin
lem shùilean fhìn an clogad stàilinn
air ceann àlainn mo luaidhe.

VIII   THE STEEL BONNET

The innocent and the beautiful
Have no enemy but time.

W B Yeats

I thocht, cleikin thaim tae you,
yon ballant's weill-wrocht words I'd trou;
ne'er did I draem I'd hae tae drie
seein thaim dwynin tae a lie.

But vain your thocht, I kent it fine,
seein wi thir een o mine,
yon Monday morn, the bonnet o steel
on the loesome heid o my lass sae leal.

IX RINN MI LUAIDH ...

Rinn mi luaidh air àilleachd t' aodainn
an-dè 's an-diugh, cha thric ach daonnan;
's nì mi luaidh air àilleachd t' anama
's cha chan am bàs gur h-e an arraghloir.

IX I SANG THE FAIRHEID ...

I sang the fairheid o your brou
no aft but aye, the haill days throu;
I'll sing the fairheid o your spreit —
no Daith wull daur tae lichtlie it.

X

Theagamh nach eil i 'nam chàs,
ealain iomaluath an dàin,
labhar mar ghleadhraich nan dos,
teud-mhodhanach, no caoin le fois,
ged a thàrr dhomh uiread gràidh,
uimhir smuaintean gun tàmh,
uiread iomagain, uiread cràidh,
's a dh'fhòghnadh do chòmhlan bhàrd,
's a dh'fhòghnadh don chòmhlan gun tost,
gun fhurtachd, gun fhoighidinn, gun fhois,
dha bheil an t-àite seo a-bhos
cuide ri Yeats is Uilleam Ros.

X

My tyauve is no the craft, I wyte,
o skeily makars' dink endyte,
eloquent as the pibroch's scrauch
or clarsach's sang, or lown wi saucht,
for aa the fouth o luve it drew,
wanrestfu thochts in rowth enew,
sae muckle care, sae muckle duil,
wad sair a haill bardic scuil,
wad sair a scuil that kens nae tholin,
that kens nae kynness, quaet, consolin,
an hauds this warld sae blaik an boss
alang wi Yeats an Uilleam Ros.

XI   AN DÙN ÈIDEANN: 1939

Tric 's mi gabhail air Dùn Èideann
baile glas gun ghathadh grèine,
's ann a lasadh e led bhòidhche,
baile lòghmhor geal-reultach.

XI IN EMBRA: 1939

Aft sic name I'd cry tae Embra:
toun sae gray, nae sun-glints dertin;
syne your fairheid set it lowein,
toun sae skyrie, starnie-splendant.

XII

Ceathrar ann dan tug mi luaidh,
do cheathrar seirbheis caochladh buaidh –
an t-adhbhar mòr agus a' bhàrdachd,
an t-Eilean àlainn 's an nighean ruadh.

XII

Lealties fower gat luve frae me,
ilk ower ither bure the gree:
thon gret cause, the makar's screid,
the loesome isle, the lassie reid.

XIII A' BHUAILE GHRÈINE

Dom shùilean-sa bu tu Deirdre
's i bòidheach sa bhuaile ghrèine;
bu tu bean MhicGhilleBhrìghde
ann an àilleachd a lìthe.
Bu tu nighean bhuidhe Chòrnaig
is Mairearad an Amadain Bhòidhich,
an Ùna aig Tòmas Làidir,
Eimhir Chù Chulainn agus Gràinne,
bu tu tè nam mìle long,
ùidh nam bàrd is bàs nan sonn,
's bu tu an tè a thug an fhois
's an t-sìth bho chridhe Uilleim Rois,
an Audiart a bhuair De Born
agus Maebhe nan còrn.

Agus ma 's eadh is fìor gun d' ràinig
aon tè dhiubhsan t' àilleachd,
tha fios gum b' ann le spiorad gràsmhor
air a dhealbh an aghaidh àlainn.
Agus uime sin bu chòir dhomh
'n Dàn Dìreach a chur air dòigh dhut
a ghlacadh gach uile bhòidhchead
a las mac-meanmna na h-Eòrpa.
Bu chòir nochdadh 'na iomchar
dianas na Spàinne gu h-iomlan,
geur-aigne na Frainge is na Grèige,
ceòl na h-Albann 's na h-Èireann.

XIII   THE SUNNY FAULD

Deirdre in you I saw
in the sunny fauld, sae braw:
ye war the wife o MacBride
in her glentin bonnieheid.
Ye war Cornaig's lint-haired lass,
an Meg o the Weill-faured Waff,
Una o Tammas the Strang,
Cuchulainn's Eimhir an Grainne.
Ye war the lass o the Thousan Ships,
daith o kemps an makars' hopes;
an ye war the lass rave awa the peace
an the saucht frae the hert o Uilleam Ros,
Audiart at tempit De Born,
an Maeve o the drinkin horns.

An gin ony o thaim in deed
wan tae your bonnieheid,
I ken it wes wi spreit o grace
formit tae a loesome face.
An sae my darg is tae shape for ye
the Straucht Sang in the gait o ye,
cleikin aa at's fair an braw
set Europe's fantasie alowe.
The fraucht o't bude tae hain
the haill feirich o Spain,
o France an Greece the gleg ingyne,
the muisic o Alba an o Erin.

Bha còir agam gach uile èifeachd
a thug Lochlann is Èire
is Alba àrsaidh do mo dhaoine
a chur cuideachd an caoine
agus an ìobairt don ioghnadh
tha geal dealbhte an clàr t' aodainn.

Agus a chionn nach mise aon diubh –
MacGhilleBhrìghde no Naoise,
Tómas Ua Custuil no MacDhòmhnaill,
Bertrans no 'n t-Amadan Bòidheach,
Cù Chulainn no Fionn mòr no Diarmad –
's e mo chàs-sa an iargain
a ghabhas spiorad nam bàrd cianail
a ghlacadh anns na ranna pianta,
a thogail 's a chumail mar a b' àill leam
dìreach, cuimir anns an dàn dhut,
sean agus ùr is lànmhor,
cumadh is meanmna gach àilleachd;
còmhla an ìomhaigh an èibhneis,
luathghaireach, domhainn, leugach,
geur-aigne na Frainge 's na Grèige,
ceòl na h-Albann is na h-Èireann.

An syne I bude tae wyve thegither
in kynness ilk affeir at ever
Norroway an Erin gied,
or auncient Alba, tae my seed,
an hecht thaim tae the ferlie rare
at bluims in the blie o your face sae fair.

An sen thaim I canna be –
MacBride or Naoise's no me,
Thomas Costello, de Born,
the Weill-faured Waff nor MacDonald,
Cuchulainn, Diarmid nor mauchty Fionn –
my kyauch's tae fang in sangs o pyne
the mangin at yerks an chirts
aa lanesome makars' herts,
tae hyste and haud it as langs tae me,
bonnie an brent in my sang for ye,
auld an new an lippin full,
ilka bonnieheid's shape an saul,
souther't as yin in the maik o desire,
the glent o a gowdie, the howe o a choir,
o France an Greece the gleg ingyne,
the muisic o Alba an o Erin.

XIV   REIC ANAMA

Bàrd a' strì ri càs an t-saoghail,
siùrsachd bhuadhan is an daorsa
leis na mhealladh mòr-roinn dhaoine,
cha mhise fear a chanadh, shaoil leam,
gun tugadh reic an anama faochadh.

Ach thubhairt mi rium fhìn, 's cha b' aon-uair,
gun reicinn m' anam air do ghaol-sa
nam biodh feum air brèig is aomadh.
Thubhairt mi an deifir sin gun smaointinn
gum b' e an toibheum dubh 's an claonadh.

Do mhaitheanas dhomh airson na smuaine
gum b' thusa tè a ghabhadh truaghan
de spiorad beag lag suarach
a ghabhadh reic, eadhan air buadhan
t' aodainn àlainn 's do spiorad uallaich.

Uime sin, their mi rithist, an-dràsta,
gun reicinn m' anam air do sgàth-sa
dà uair, aon uair airson t' àilleachd
agus uair eile airson a' ghràis ud,
nach gabhadh tu spiorad reicte tràilleil.

XIV   THE SELLIN O A SAUL

Bard, wi aa life's tyauvin taigl't –
talent's huredom an the slavement
at hes swick't o men the maist feck –
Na! but me ye'll no hear sayin
sellin sauls wad gie us aisement.

I said tho – no jist yince, I trou –
I'd sell my saul for luve o you,
gin I bude tae lie or my heid tae bou.
In haste I spak, on-thocht enew
't wes blaik blasphemin frae hert askew.

Forgie me nou the fousome thocht
at ye war the lass wad tak til her aucht
a spreitless, merghless, waik wandocht
at e'en for fairheid, or the maucht
o your proud spirit, coud be bocht.

Yince again, nou, hear me sayin
Aye! I'd sell my saul tae hae ye –
twice, the first time for your fairheid,
syne again for in your grace, ye'd
tak nae spirit selt an slavish.

XV TRÌ SLIGHEAN
Do Ùisdean MacDhiarmaid

Cha b' urrainn dòmhsa cumail fàire
air slighe chumhang nan àrd-bheann
a nochdadh thar cridhe do bhàrdachd:
agus, uime sin, MhicDhiarmaid,
soraidh leat: ach nam bu mhiann leam
b' urrainn domh an t-slighe chrìon ud,
thioram, ìseal, leantainn tìorail
th' aig Eliot, Pound agus Auden,
MacNeice, is Herbert Read 's an còmhlan:
b' urrainn, mur b' e am fiaradh
a chuireadh 'nam aigne dà bhliadhna
lem dhùthaich fhìn is càs na Spàinnte,
cridhe feargach is nighinn àlainn.

XV THRÍE PETHS
(tae Hugh MacDiarmid)

I coudna haud afore my sicht
the nerra peth ower clinty hichts
that kyth't athort your bardrie's hert;
an sae, MacDiarmid, we maun pairt:
but gin I hed the wull tae dae 't,
richt crouselie coud I gang thon gait
sae crynit, scabbit, dounhauden,
the gait o Eliot, Pound an Auden,
MacNeice an Read an aa thair rangle –
aye, coud I: war thare no thon brangle
my saul gat thirl't wi twa year syne
frae Scotland's waes an Spain's fell pyne,
a gramefu hert, an a loesome quine.

XVI

Carson a bhithinn-sa dligheach
air an roghainn de chòmhradh?
Ciamar idir a thachair
leithid de thabhartas dhòmhsa?
Ciamar idir a fhuair mi
an crath luasgain an t-saoghail
a leithid de fhortan
air fhosgladh rim thaobh-sa?

Dè an spàirn air a' chuibhle
thug m' uidhe air uachdar?
Eadhon aon oidhche
dè thoill mi de 'buaidh-se?
Ciamar idir a thàinig
am measg ànradh mo chuairt-sa
gun deach mo mhiann agus m' eanchainn
gu meanmnach ri luathghair?

A nighean, a nighean,
dè tubaist a' ghàire
rinn fanaid air t' aghaidh
ghil fhoinnidh àlainn?
Dè chuir thu rim thaobh-sa
far an do shaoil mi a bha thu?
Dè thug dhòmhsa aon oidhche
glòir aoibhneach do ghàire?

A nighean, a nighean,
tha breisleach an tionndaidh,
tha iomairt na cuibhle
air mo ruidhleadh le ionndrainn:

XVI

Whit sairin hed I
o a tovin sae bonnie?
Whit wey did I e'er
win a fairin sae fine?
Whit wey did I e'er
in the warld's eimis waffle
finn fortuin aside me,
apert tae my myn?

Whit poust o the wheel
dang me heich tae the tap o't?
Hou cam, for ae nicht jist,
the speed o't tae me?
Hou cam, 'mang the gowster
an grame o my vaigin,
my will an my ingyne
sic fainness tae prie?

Oh lassie, my lassie,
whit lauchter's mishanter
played geck at your facie,
braw, loesome an fair?
Whit set ye aside me
whaur aa my thochts hed ye?
Whit gied me, ae nicht,
aa your lauchter's blythe glore?

Oh lassie, my lassie,
the widdreme o turnin,
the birl o the wheel
gars me reel wi my grein:

ciamar idir a thàrr mi
air a bàrr-se le iomchar,
ged nach d' rinn mi ach tuiteam
gu clis is gu h-iomlan?

Bu mhiann leam an aisling
ge b' e aisling a bh' ann dith:
bu mhiann an t-aiteal
de aiteas an allacheo:
ach dè idir chuir t' fhaileas,
a nighean ruadh gheal, ann?
Cha robh agad fiù 's fathann
air filidhean Albann.

whit wey wes I hystit
tae licht on the tap o't,
tho dunch tae the grunn
I cam kelterin doun?

The draem wes my greinin
tho nocht but a draem wes 't:
I grein't 'mang the rack
tae see blytheheid's short skyme:
but reid-locker't lassie,
whit pouer set your scog ower't?
The makars o Scotland
ye kent ne'er a styme.

XVII LÌONMHORACHD

Lìonmhorachd anns na speuran,
òr-chriathar milleanan de reultan,
fuar, fad' às, lòghmhor, àlainn,
tostach, neo-fhaireachdail, neo-fhàilteach.

Lànachd an eòlais man cùrsa,
failmhe an aineolais gun iùl-chairt,
cruinne-cè a' gluasad sàmhach,
aigne leatha fhèin san àrainn.

Chan iadsan a ghluais mo smaointean,
chan e mìorbhail an iomchair aognaidh,
chan eil a' mhìorbhail ach an gaol duinn,
soillse cruinne an lasadh t' aodainn.

XVII MINGIES

Mingies in the lift sae thrang,
gowden mask o a million starns,
cauldrife, skyrie, hyne-awa,
silent, menseless, goamless, braw.

Fouth o wyceheid in thair raik,
scant o daftness cairtless vaigin,
spheres o Heiven skimmerin quaet,
ingyne mairchit aa its lane.

Ne'er wes 't thaim at steir't my thochts,
no the ferlie o thair gash race,
ne'er a ferlie hae we but luve,
leam o the warld in the flaucht o your face.

XVIII ÙRNAIGH

A chionn nach eil Dia ann
agus a chionn nach eil Crìosda
ach 'na fhaileas faoin sgialachd,
chan eil ann ach: dèanam làidir
m' aigne fhìn an aghaidh àmhghair.

Oir chunnaic mi an Spàinn caillte,
sealladh a rinn mo shùilean saillte,
agus gaoir a chuir maille
air iomchar mo chridhe àrdain
le neonitheachd is bàs nan sàr-fhear.

Chì sinn a-rithist an-dràsta
claoidh cridhe 's bàs an àrdain
agus neonitheachd neo-àghmhor
anns gach dòchas treun faoilidh
len sgarar sinn bhon bhàs aognaidh.

Bha seo aig Cornford òg 'na ghaisge,
eagal smuain a ghaoil bhith faisg air
nuair bha an Spàinn 'na latha-traisg dha,
eagal a challa air an duine,
eagal an eagail air a' churaidh.

Dè an t-eagal a bhios ormsa
ro thuiltean aognaidh an onfhaidh
a-nis on chuala mi am monmhar?
Theirear gum faicear trom-laighe,
am bàs 's a' ghort a' tachdadh aighir;

XVIII PRAYER

Sen God thare ne'er wes nane
an in Christ thare nocht tae finn
but a tale's scog auld an vain,
thare jist – lat me mak steive
my spreit forenenst aa grief.

For Spain hae I seen tint,
an wi saut my een wes blinn't;
an a gowl at held ahint
my voustie hert's ongaun,
wi waste an heroes' faain.

An nou we see yince mair
hert's pyne an pride brocht laich,
an aa the waesome waste
o ilka bauld, kyn howp
that hains frae daith's cauld grup.

Ying Cornford fear'd in 's maucht
that his luve wad win til 's thochts
whan Lentren in Spain he socht:
tinsal the man wad fear,
the hero's fear wes fear.

Whit fear on me will faa
frae the gashlie gurge o the swaw,
sen I hard its dunnerin jaw?
In a widdreme, want an daith
we'll see smuirin joy's lest braith.

gum faicear a' ghort air na raointean,
an eislig chumhachdach 'na caoile,
a bheir a' bheatha is an gaol bhuainn,
a leagas sìos a dh'ionnsaigh uaghach
le acras is eu-dòchas neo-uallach.

Ach saoil sibh an dèan mi ùrnaigh
rim spiorad fhìn an aghaidh m' ùidhe,
stad mo chridhe, dalladh shùilean?
An guidh mi do ghaol bhith air a shracadh
à freumhaichean mo chridhe thachdte?

An iarr mi mo chridhe bhith glante
bho annfhannachd mo ghaoil ghlain ghil,
an iarr mi spiorad 's e air fhaileadh
eadhon gum faighear anns a' bhoile mi
cho treun ri Dimitrov no ri Ó Conghaile?

Tha mi a' tuigsinn an-dràsta
gun tàinig lìonsgaradh sa chàs seo,
gleac a' chinne-daonna neo-bhàsmhoir:
an neach mu choinneamh roghainn sàr-chruaidh,
bàs sa bheatha bhiothbhuain no beatha bhàsail.

Mo bheath-sa a' bheatha bhàsail
a chionn nach d' fhail mi cridhe mo shàth-ghaoil,
a chionn gun tug mi gaol àraidh,
a chionn nach sgarainn do ghràdh-sa
's gum b' fheàrr leam boireannach na 'n Eachdraidh fhàsmhor.

Chunnaic mi 'n fhuil chraobhach ag èirigh,
tein-aighir an spioraid air na slèibhtean,
an saoghal truagh a' call a chreuchdan:
thuig is thùr mi fàth an langain
ged nach robh mo chridhe air fhaileadh.

Thon want we'll see in the howes:
wi'ts shilpitness' mauchty drowe
wull our life an luve be stown,
wull it straik us laich tae the graff
wi hunger an wanhope waff.

But trou ye I'll mak my prayer
tae my spreit agin my care,
hert tae stint an een tae blear?
Wull I prig for your luve tae be riskit
frae the ruits o my smuirit brisket?

Wull I prig a hert depuirit,
wi my pure fair luve delirit,
wull I prig a plotit spirit,
tae finn in the maddram at's on me
the maucht o Dimitrov or Connolly?

For it kythes eenou tae my myn
hou aathin frae ither maun twyne
wi the kempin o daithless mankyn:
staunin afore the wale o the deidliest skaith,
daith amang ayebydin life or life like tae daith.

The life like tae daith is my ain,
for my luve's hert I plotit it nane,
for luve tae ae sowl hae I gien,
for your luve I wes ower sweirt tae sned,
loe'd a lass mair nor Historie's seed.

The bluid I saw jowe in the veins,
the spirit's ain bale on the bens,
the sairie warld lossin its teins:
I coud tak up the cause o the rowtin,
tho my hert hed drie'd nae plotin.

55

Esan dha bheil an cridhe air ionnlaid,
thèid e tro theine gun tionndadh,
dìridh e bheinn mhòr gun ionndrainn;
cha d' fhuair mise leithid de dh'anam
's mo chridhe ach air leth-fhaileadh.

'S e 'n ùrnaigh seo guidhe na duilghe,
an guidhe toibheumach neo-iomlan,
guidhe cam coirbte an tionndaidh,
an guidhe gun dèan mi guidhe,
gun guidhe 'n t-susbaint a ruigheachd.

Chuala mi mu bhàs neo-aoibhneach
agus mu acras gorta oillteil
a' tighinn an tòrachd na foille.
Ciamar a sheasas mi rim marc-shluagh
's gun mo chridhe ach leth-fhailte?

An uair tha 'n spiorad air fhaileadh,
caillidh e gach uile fhaileas,
caillidh e gach uile fhannachd.
Ach cò a ghabhas air mo gheal ghaol
aomadh, fannachd no faileas?

Cha ruigear a leas ceistear no sgrùdair
a dh'fhaicinn nach eil 'nam ùrnaigh
a' Ghairm Èifeachdach no 'n Dùrachd,
's ged tha mi soilleir anns an fhìrinn
nach eil mo spiorad aon-fhillte.

A chionn nach cuirear coire air diathan,
nach eil ach 'nam faileas iarraidh,
agus a sheachnadh an duine Crìosda,
chan eil mo chaomhachd ris an Nàdar
a thug an tuigse shoilleir shlàn dhomh,
an eanchainn shingilte 's an cridhe sgàinte.

56

The man wi a hert made clean
on-sklentit throu fire will win,
mangin nane, he'll sclim the heich ben.
Sic a spirit as thon, I ne'er got it,
for my hert wes but hauflins plotit.

This priggin is strauchlin sair,
a blasphemous wrack o a prayer,
foul, camsheuch an turnin areir:
the priggin I'll pray, sweirt an ergh,
ne'er prayin tae rax tae the mergh.

I hae hard o the duil o deid
an o want wi its hert-hunger dreid
haudin furth in traitorie's steid.
Thair horsemen wull fleme me, ne'er dout it,
wi a hert but hauflins plotit.

Whan the spreit's hed its plotin, syne
ilka haet o scog it wull tyne,
ilka haet o dwamle wull dwyne.
But wha gies my fair luve the caain
o dwamle, scog or dounfaain?

Thare nae catechist nott, nae seyer,
tae see "diligence" tint frae my prayer
an "Effectual Caain" no thare;
an the Truith tho gleg-sichtit I see 't,
still I want an aefauld spreit.

Sen thare nae gods tae cairry the wyte –
thay're the shadda o mangins deny't –
an tae haud frae the man at wes Christ,
it's no tae Naitur I beir the thochts o a frein,
houbeit a haill ingyne an skyrie tae me she hes gien,
an aefauld hairns, an a hert sinnert in twain.

XIX

Thug mise dhut biothbhuantachd
is dè thug thu dhòmhsa?
Cha tug ach saighdean
geura do bhòidhchid.
Thug thu cruaidh shitheadh
is treaghaid na dòrainn,
domblas an spioraid,
goirt dhrithleann na glòire.

Ma thug mise dhut biothbhuantachd
'stusa thug dhòmhs' i;
's tu gheuraich mo spiorad
's chuir an drithleann 'nam òran;
's ged rinn thu mo mhilleadh
an tuigse na còmhraig,
nam faicinn thu rithist
ghabhainn tuilleadh 's an còrr dheth.

Nam faicinn mum choinneimh
air magh Tìr na h-Òige
an dèidh dìochuimhn' mo dhragha
clàr foinnidh do bhòidhchid,
b' fheàrr leam an siud e
ged thilleadh mo bhreòiteachd,
's na suaimhneas an spioraid
mi rithist bhith leònte.

A nighean bhuidhe àlainn,
's ann shrac thu mo threòir-sa
agus dh'fhiaraich mo shlighe
bho shireadh mo thòrachd;

58

XIX

I gied ye immortality –
tae me, whit wes 't ye gied?
Nocht ava but the stangin
flanes o your bonnieheid.
Ye gied a gurly onding
an the stoun o mony a pynin,
wormit tae my spreit
an glory's skaithfu shinin.

Gin I gied ye immortality
ye gied it back tae me:
ye pit a gleg edge tae my spreit,
tae my sang, a glister free.
an houbeid 't wes you that connach't
my bounheid for the faucht,
gin I coud see ye e'er again,
mair, an the haill, I'd claucht.

Gin I coud see forenent me –
forgotten aa my pyne –
on Tir nan Og's green lawlands
your loesome form sae fine,
I wad hae naethin ither,
tho my stang ye'd bring yince mair,
an the lown my spreit hed wan til
again war skaithit sair.

Oh bonnie, lint-haired lassie,
ye rave awa my maucht,
ye snorl't the gait I traivel't,
tho my ettlin o't wes straucht;

ach ma ruigeas mi m' àite,
coille àrd luchd nan òran,
's tu grìosach an dàin dhomh,
rinn thu bàrd dhìom le dòrainn.

Thog mi an calbh seo
air beinn fhalbhaich na tìme
ach 's esan clach-chuimhne
a bhios suim dheth gu dìlinn,
is ged bhios tusa aig fear-pòsta
is tu gun eòl air mo strì-sa,
's e do ghlòir-sa mo bhàrdachd
an dèidh cnàmhachd do lìthe.

but gin my steid I'se win til,
the wuidit heichs o sang,
ye'll fire my lilt, an shap me
tae a Makar wi the stang.

Houbeit this stane I hystit
on time's unsiccar bens,
it wull staun thare for a moniment
aye or the warld enns.
An tho anither taks ye
an ye ken na o my duil,
my sang sall be your glory
whan your fairheid's cryn't tae muil.

XX

Nan robh an comas mar a b' àill leam,
le ealain fuaighte ri mo shàth-ghaol,
chan e naoi deug an àireamh
no a leithid seo de dhàintean
a choisriginn do t' aodann àlainn
agus dod spiorad uallach gràsmhor.
Chan e ach dàintean sam fuaigheadh
ceòl is caoine is smuaintean
is mac-meanmna na mhìorbhail
le dianas grèine 's iomaluas iarmailt,
ciùin mar chamhanaich na h-oidhche
's caoin mar bhristeadh latha boillsgeadh
agus ùr mar thoiseach aoibhneis,
dàintean luathghaireach gun shireadh,
doimhne, fìnealta, le mire,
dàintean sam faighte singilt'
buadhan an triùir 's iad fillte,
dàintean sam faicte chrois
bh' air Yeats is Blok is Uilleam Ros.

XX

Gin my skeil war aa I'd wish for,
wyvin my lair an luve thegither,
it's no this puckle sangs, a whein
aiblins roun about nineteen,
I'd consecrate to your bonnie face
an your vauntie speirit fu o grace.
Na – sangs I'd wyve wi broderie
frae muisic, murnin, musardrie,
frae rowthie ferlies o my fantasie,
the breingin sun, the heivens' diversitie,
douce as the forenicht's gloamin gray
an lown as the leam at scraich o day,
new as the dawin o unkent seil,
sangs o blytheness ne'er tae seek,
lichtsome lauchin, gentie, deep,
sangs tae wyve an steik the thrie
as yin in aa thair granderie,
sangs shawin furth the cross
o Yeats an Blok an Uilleam Ros.

XXI

Dè dhòmhsa m' àite
   am measg bàird na h-Albann
ged chuireas mi an Gàidhlig
   loinn is àilleachd fhalbhach?
Cha tuig thusa mo ghràdh bhuam
   no m' àrdan arraghloir,
a nighean bhuidhe àlainn,
   ge tu m' àilleachd fhalbhach.

XXI

Whit recks tae me the place I haud
  our Scottish bards amang,
tho Gaelic sangs I mak o joy
  an fairheid that maun gang?
Ne'er will ye unnerstaun my luve,
  my blawin, crawin sang,
tho, bonnie lint-haired lass, it's you,
  My fairheid that maun gang.

XXII   AN ROGHAINN

Choisich mi cuide ri mo thuigse
a-muigh ri taobh a' chuain;
bha sinn còmhla ach bha ise
a' fuireach tiotan bhuam.

An sin thionndaidh i ag ràdha:
A bheil e fìor gun cual'
thu gu bheil do ghaol geal àlainn
a' pòsadh tràth Diluain?

Bhac mi 'n cridhe bha 'g èirigh
nam bhroilleach reubte luath
is thubhairt mi: Tha mi cinnteach;
carson bu bhreug e bhuam?

Ciamar a smaoinichinn gun glacainn
an rionnag leugach òir,
gum beirinn oirre 's gun cuirinn i
gu ciallach 'na mo phòc?

Cha d' ghabh mise bàs croinn-ceusaidh
an èiginn chruaidh na Spàinn
is ciamar sin bhiodh dùil agam
ri aon duais ùir an dàin?

Cha do lean mi ach an t-slighe chrìon
bheag ìosal thioram thlàth,
is ciamar sin a choinnichinn
ri beithir-theine ghràidh?

XXII THE WALE

Alang I traikit wi my kennin
outbye aside the sea;
we gaed thegither but it wes haudin
a haet awa frae me.

An syne it turn't tae me an speir't:
an did ye hear indeed
your bonnie loesome lass sae fair
on Monday morn's tae wad?

Doun I thrang the hert that raise
in my riven, hasty breist,
an Aye, I said, I'm suir o't;
whit buits it tellin lies?

Hou wad I think that I coud glaum
thon jowel-like gowden starnie,
that I coud cleik an stap 't awa
intae my pouch sae cannie?

Daith on a cross I didna tak
in the duilie skaith o Spain;
an coud I think weird's ae new prize
wes e'er for me tae hain?

The gait I gaed wes crynit jist,
dreich, meingie, lou-warm, wauch,
an hou coud I e'er think tae meet
luve in its wullfire-flaucht?

Ach nan robh 'n roghainn rithist dhomh
's mi 'm sheasamh air an àird,
leumainn à nèamh no iutharna
le spiorad 's cridhe slàn.

But war I stuiden on the heuch
an mine again yon wale,
I'd lowp frae Hell or Heiven's hichts
wi a hert an spirit haill.

XXIII CO-CHUR

Bodhar, neo-shuaimhneach, am feirg,
àmhghar an cridhe na mòrachd,
binneas ceòl camhanaich nan eun,
òg-mhadainn ceòl Bheethoven.

A luaidh, anns an talla dhlùth,
balbh fo ealain ùir an t-sàr-fhir,
dhiùchd còmhla fa chomhair mo rùin
gathadh a' chiùil is t' àilleachd.

A nighean, a nighean bhàn,
dh'fhilleadh an ceòl mòr 'na t' àilleachd,
shuaineadh a' chòisir mhòr 'nad loinn,
bhàrc an taigh mòr lem ghràdh-sa.

Dhùin mo shùilean ris a' cheòl
a bha air tòrachd an èibhneis,
dhiùchd Diana an cloich chaoimh
agus Deirdre taobh Loch Èite.

B' e t' ìomhaigh-sa agus an ceòl
a chruinnich còmhlan nan leugach,
chuir Deirdre do Ghleann Da Ruadh,
Diana an ruaig nan Greugach.

Nighean, a nighean mo luaidh,
b' e aoibhneas a' chiùil mhòir t' aodann,
Beethoven agus Maol Donn
air magh lom cridhe sgaoilte.

XXIII THE DAW-SANG

Deif, feirichie, wanrestfu,
the gret hert rax't an riven:
sweet o the mornin sang o birds,
the daw-sang o Beethoven.

In thon thrang haa dumbfounert
wi the kemp's new-kythin airt,
your fairheid an his sang, lass, raise
as yin tae stang my hert.

Oh lass, my lint-haired lass,
your fairheid rowed the muisic's soun,
your gentrice faul't the choir,
an the grann haa jowed wi my luve's fell stoun.

Een steikit tae the muisic,
seekin blytheheid, reingin wide,
Diana kyth't in mairble,
Deirdre on Loch Etive's side.

'T wes your image an the muisic
gart thae gowdies haste tae seek 's,
Deirdre gang tae Glen Daruel,
an Diana skail the Greeks.

Oh lass, my loesome lass,
your face wes aa the gret sang's joy,
Beethoven an Maol Donn
streik't ower my hert's dreich hirstie ley.

Bodhar, neo-shuaimhneach, am feirg,
àmhghar, allaban a' Cheòlraidh:
geal, àlainn, socair le uaill chiùin
an nighean ùr 'na bòidhche.

An cuirear gu cuimir suas
anns a' cho-chur cluaineis saoghail,
ànradh an duine mhòir 's an truaigh
agus ciùin luathghair t' aodainn?

An dèanair an co-chur dhen dàn,
de thruaighe 's de ghlòir na cruinne,
a' bhrèine bhreòite oillteil thruagh,
t' àilleachd is uaisle luinneag?

Thachd an fhiabhras iomadh truagh
's dh'fhàg i iomadh athair breòite,
ach dh'fhàg ceòl cumha Phàdraig Mhòir
àmhghar a chloinne glòrmhor.

Bhàsaich an truaighe gun sgleò
leanabh is seann duine còmhla,
agus cha tàinig ceòl no dàn
a chur àilleachd air dòrainn.

Deirdre ghuanach anns an uaigh,
anns an t-sìorraidheachd gun shireadh,
agus mo ghaol sa chòisir mhòir
buadhmhor thar luathghair filidh.

Cha dèanar an co-chur dhen chàs,
glòir agus ànradh na cruinne,
an èitig fhiabhrais 's Pàdraig Mòr,
daorsa, Beethoven is thusa.

Deif, feirichie, wanrestfu,
the Muises' duil an tein:
douce, bonnie, wi her lint-heid heich,
the lass in beauty green.

Wha'll triglie seam thegither
the warld's swickfu wycin,
the carks o gret fowk an the laich,
an your face's douce rejycin?

Wha'll wap thaim aa thegither – Weird,
the warld's glore an pynin,
thon mingin, mogert, mankit keich,
your fairheid, bardrie's shinin?

Shilps afouth gets smuir't wi fivver,
it gars mony a faither drowe,
but the soun o Patrick Mor's Lament
set his faimily's pyne alowe.

Aa swickrie gaen, auld men an bairns
hes died in ae despair,
nae muisic nor nae bardrie cam
tae mak thair miserie fair.

Proud Deirdre in her graff
in thon eternitie onsocht;
in thon gret choir, my luve in joy
ower rants that bards hes wrocht.

Nane will wap wanluck thegither
wi the warld's glore an rue,
Patrick Mor, the fivver's crynin,
thirldom, Beethoven an you.

Bodhar, neo-shuaimhneach, am feirg,
ceòl binn, gailleannach, ciùin, glòrmhor,
geal, àlainn, socair, gun aon ghiamh,
gun bharrachd fiamh do bhòidhche.

Deif, feirichie, wanrestfu,
muisic gowstrous, lown, lythe, bricht,
bonnie, splendant, douce, onbroukit –
your fairheid's maikless sicht.

XXIV AN ÒINSEACH

Nuair thubhairt thu nach robh bhòidhche
ach cosamhlach is le fàilling
's ann bha mise smaointinn:
saoil, òinseach àlainn,
an cante sin ri Naoise
nuair thaobh e Earra-Ghàidheal?

XXIV THE TAWPIE

The time ye said that bonnieheid
wes jist a guisit gaw,
ye set me suin tae thinkin:
tak tent, my tawpie braw,
wha wad say thon tae Naoise
whan Alba's shore he saw?

XXV

B' fhearr leam na goid an teine
à nèamh air sgàth an t-sluaigh
a' ghad nach d' rinn am milleadh,
aig sireadh na fhuair,
gad meallaidh bho do shùilean,
beothachadh ùr an duain.

XXV

The reft o fire frae Heiven
tae help mankyn, I'd ruise;
but leifer war the reivin
that nae mishanter gies:
tae snick your een's deceivin
wad set my sangs ableeze.

79

SANGS TAE EIMHIR

XXVI

A nighean ruadh, nam faighinn do phòg
airson gach duanaig luainich òir,
chuirinn na mìltean dhiubh air dòigh
thoirt bàrr air Uilleam Ros le stòr.

XXVI

Oh reid-haired lass, hed I your kiss
for ilka flichtsome, gowden sang,
I'd fasson thousans mair like this
or Uilleam Ros's huird I dang.

XXVII

Thubhairt an sgrùdair gu robh m' ealain
a' dol gu laomadh le meallan
drithleannach, foinnidh, caoireach.
Ach, a ghaoil, 's ann bho t' aodann
a fhuair i mealladh a leugachd,
a fhuair i ceòl-gaire h-èibhneis,
a fhuair i suaimhneas a h-aogais.

XXVII

The seeker said my lair
wes like tae bleeze an leam,
a skinklin, glentin glaem.
But, lass, it's frae your face
it funn the jewel't chate,
it funn the smirkle fain,
it funn the sicht o seil.

XXVIII   NA SAMHLAIDHEAN

Nan robh mi air do ghaol fhaotainn
theagamh nach biodh aig mo dhàintean
an t-sìorraidheachd fhalamh fhàsail,
a' bhiothbhuantachd a tha an dàn dhaibh.
'S ann, a ghaoil, bho na taobhan
fad' às, cianail a bhios an glaodhaich,
ag iargan, ag èigheach air do ghaol-sa.
Gabhaidh iad mullaichean nan àrd-bheann
ghinealach, a' sìor rànaich,
a' sìor iargain do ghràidh-sa,
a' sìor dhèanamh luaidh air t' àilleachd:
falbhaidh iad nochdta air sràidean
na h-Eachdraidh agus na Bàrdachd:
chithear iad air rathaidean àrda
nan cridheachan a' sìor mhàrsail:
tachraidh iad anns an oidhche
ris na bàird nan suaineadh loinn-gheal:
nì iad caithris solas choinnlear;
cha mhùch bristeadh fàire 'm boillsgeadh.
Seasaidh iad mun chiste-laighe
far a bheil a' chrè 'na laighe,
crè ghlas gaol nam bàrd gun aighear:
seasaidh iad thar na h-uaghach,
gun rudhadh, glaisneulach an gruaidhean.

Falbhaidh iad 'nan ròs air slèibhtean
far bheil grian nam bàrd ag èirigh.

XXVIII   THE GHAISTS

Gin I hed the hap your luve tae win,
in my sangs war aiblins ne'er tae finn
the eternitie, sae dreich an tuim,
the weird o thair ayebydin duim.
Aye, luve: frae airts hyne, hyne awa,
lanesome an dowie, souns thair caa,
murnin, gowlin, your luve tae faa.
Thay'll tak the taps o the heichmaist bens
o the generations, an aye thair maens,
thair murnins, for your luve will plead,
an the ruisins o your bonnieheid.
Naukit tirr't thay'll gang the wey
o Historie an Poesie:
aye ye'll see thaim mairch apert
doun the hiegaits o the hert;
trystin in the deid o nicht
makars in thair mortclaiths bricht,
waukin bi the caunle's leam,
no the daw will smuir thair schene.
Aroun the kist whaur liggs the clay
o dowie makars' luve wan-blae
thay'll staun, an bide ayont the graff,
thair chouks' reid dwyn't tae haw-gray waff.

Syne like a rose thay'll sclim the ben
whaur lowes the makars' risin sun.

XXIX COIN IS MADAIDHEAN-ALLAIDH

Thar na sìorraidheachd, thar a sneachda,
chì mi mo dhàin neo-dheachdte,
chì mi lorgan an spòg a' breacadh
gile shuaimhneach an t-sneachda:
calg air bhoile, teanga fala,
gadhair chaola 's madaidhean-allaidh
a' leum thar mullaichean nan gàrradh,
a' ruith fo sgàil nan craobhan fàsail,
a' gabhail cumhang nan caol-ghleann,
a' sireadh caisead nan gaoth-bheann;
an langan gallanach a' sianail
thar loman cruaidhe nan àm cianail,
an comhartaich bhiothbhuan 'na mo chluasan,
an deann-ruith a' gabhail mo bhuadhan:
rèis nam madadh 's nan con iargalt
luath air tòrachd an fhiadhaich
tro na coilltean gun fhiaradh,
thar mullaichean nam beann gun shiaradh;
coin chiùine caothaich na bàrdachd,
madaidhean air tòir na h-àilleachd,
àilleachd an anama 's an aodainn,
fiadh geal thar bheann is raointean,
fiadh do bhòidhche ciùine gaolaich,
fiadhach gun sgur gun fhaochadh.

XXIX DUGS AN WOLFS

Athort Eternitie, its snaws athort,
I see the sangs I haena vrocht:
I see the sprecklin steid o thair paws
ower the lown, the lythe white snaws;
feirichie birses, bluidie tongues,
feimin wolfs an spirlie hunns,
lowpin the taps o hill-dykes heich,
throu crynit trees' scog rinnin skeich,
takin the peths in nerra glens,
seekin the steich o blastie bens,
thair yowlin yauffs outskraichin roun
the hirstie scaups o this fell stoun,
thair bowffs my dinnlin lugs aye seekin,
thair breingin scour my thochts aye cleikin;
whidder o wolfs an grewhunns will,
rinnin ramstam tae seek thair kill;
throu the wuidins, never tint,
ower the hill-taps, never sklent;
douce delirit dugs o poesie,
wolfs in wud pursuit o beauty,
loesomeness o face an spreit,
ower heichs an laichs a deer sae white,
deer o your fairheid, loesome, lythe,
a hunt wi ne'er a hyne or hythe.

XXX   AM BOILSEABHACH

'S mi 'm Bhoilseabhach nach tug suim
riamh do bhànrainn no do rìgh,
nan robh againn Alba shaor,
Alba co-shìnte ri ar gaol,
Alba gheal bheadarrach fhaoil,
Alba àlainn shona laoch;
gun bhùirdeasachd bhig chrìon bhaoith,
gun sgreamhalachd luchd na maoin',
gun chealgaireachd oillteil chlaoin,
Alba aigeannach nan saor,
Alba 'r fala, Alba 'r gaoil,
bhristinn lagh dligheach nan rìgh,
bhristinn lagh cinnteach shaoi,
dh'èighinn 'nad bhànrainn Albann thu
neo-ar-thaing na Poblachd ùir.

XXX   THE BOLSHEVIK

A Bolshevik, ne'er tae ony queen
wad I tak tent, nor ony king:
but gin we hed our Scotland free,
Scotland raxit tae meet our luve,
Scotland sae fair, bonnie, hertsome,
Scotland sae bauld, blessit, loesome,
wi nae wee shilpit scrats o bourgeoisie,
wi nane o the feichie scunner o capitalists,
wi nane o the laithlie sklents o traitorie,
Scotland, the spreitsome hame o the free,
Scotland o our bluid, Scotland o our luve,
I wad brak the richtfu law o kings,
I wad brak the siccar law o the wyce,
an I wad proclaim ye Scotland's Queen
mauger the new Commonweil.

XXXI

Uilleim Rois, dè chanamaid
a' coinneachadh taobh thall a' bhàis?
Dhèanainn luaidh air t' Òran Eile;
dè theireadh tusa mu na dàin
a sgaoil mi ealain-shriante,
eachraidh fhiadhaich bhàrd?

XXXI

Whit, Uilleam Ros, will be our crack
whan we forgether ayont the graff?
I'll claver o your "Ither Sang":
an whit will you say o the sangs
sparpl't frae me wi skeil for branks,
a willsome cavalry for bards?

XXXII SGATHAM ...

Sgatham le faobhar-roinn gach àilleachd
a chuir do bhòidhche 'nam bhàrdachd,
's dèanam dàin cho lom aognaidh
ri bàs Liebknecht no daorsa;
loisgeam gach meanglan craoibhe
a dh'fhàs aoibhneach thar duilghe
's cuiream deuchainn an t-sluaigh
an iarann-cruadhach mo dhuain.

XXXII THE SNEDDIN

Aa loesomeness your fairheid taucht
my sangs, I'll sned wi whuttle's flaucht,
an bardries mak as tirr't an tuim
as Leibknecht's daith or thirldom:
I'll scowder ilka brainch an leaf
at brairdit fain abuin the grief,
an forge the grame o the commonweil
intil sangs o temper't steel.

XXXIII   MAC AN T-SAOIR IS ROS

Chan eil freastal nam bàrd
dealaichte bho fhreastal chàich:
bha 'm fortan le Donnchadh Bàn
is fhuair Uilleam Ros a shàth
den àmhghar, den chaitheamh 's den bhàs.

XXXIII THE WEIRD O MAKARS

Twynin thare nane atweish the weirds
o makars an o ither cheils:
Duncan the Fair funn sonse an seil,
an Uilleam Ros the onfaa drie'd
o hertbrak, kirkyaird hoast an deid.

XXXIV   AN UAIR A LABHRAS MI ...

An uair a labhras mi mu aodann
agus mu spiorad geal mo ghaoil ghil
's ann a theireadh neach nach d' ràinig
mo shùilean dalla air a' chàthar,
air a' bhoglaich oillteil ghrànda
sa bheil a' bhùirdeasachd a' bàthadh:
ach chunnaic mi bho àird a' Chuilithinn
gathadh glòir is breòiteachd duilghe:
chunnaic mi òradh lainnir grèine
agus boglach dhubh na brèine:
's eòl dhomh seirbheachd gheur an spioraid
nas fheàrr na aoibhneas luath a' chridhe.

XXXIV HEARIN ME CLAVER ...

Hearin me claver o the brou,
an the spreit sae fair, o my white dou,
a cheil micht say – ne'er hae I seen
the gullion, nor my blearit een
ne'er rax't tae thon foul laithsome slatch
jaupin wi drounin bourgeois' thratch.
But I hae seen frae Cuillin braes
straiks o glore an wauchsome waes:
hae seen the sunlicht glozin gowden
forbye thon midden blaik an bowfin:
an better ken the spreit's sour dert
nor the swythe delyte that fangs the hert.

XXXV OIDHCHE CHIÙIN

Thig am chomhair, oidhche chiùin,
gorm reultachd adhair agus driùchd,
ged nach glanar bho aon àird
bochdainn saoghail, gaoir na Spàinn;
oidhche is Maol Donn a' seinn
ceòl mòr ciùine air a' bheinn,
oidhche is mo ghaol 'na lì,
oidhche air nach fhaicear mi
lem shùilean fhìn, a chionn lànachd,
a' cur dubhair air an fhàire:
thig am chomhair gorm, cruinn,
is cuireadh mi air dòigh gun shuim
gathadh ùrlair ciùil Maoil Duinn.

XXXV LOWN NICHT

Nicht sae lown, come ower me nou,
blae starn-pang'd lift an dew,
houbeid nae airt hes kent the cleanin
frae mankyn's puirtith, Spain's keenin;
nicht o the sang o Maol Donn,
ower the bens a muisic lown,
nicht o my luve sae fair tae see,
nicht that haps an derns me
wi'ts fouthieness, e'en frae sicht o mine,
cuistin a mirk scug ower the hyne:
nicht, come ower me, blae an roun,
an, wantin thocht, I'll ken the foun
that stangs sae sweet, o Maol Donn's soun.

XXXVI

Bhithinn air m' anam a reic
gun bhioradh cuimhseis air do sgàth:
a chionn do dhiùltaidh nì mi dheth
cruas sgoiltidh creag nan càs.

XXXVI

My saul I wad hae selt for ye,
wi ne'er a thocht for conscience' dint:
I'll mak your na-say intae steel
tae rive mishanter's clint.

XXXVII CHAN E ÀILLEACHD ...

Chan e àilleachd do dhealbha,
   àilleachd cruth t' aodainn,
àilleachd mo dhallabhrat
   ged a dh'fhalbh i thar smaointean;
ach àilleachd an anama
   bha dealbhach 'na t' aodann,
àilleachd an spioraid,
   smior cridhe mo ghaoil-sa.

XXXVII   NO THE FAIRHEID ...

No the fairheid o your form,
  fairheid fasson't in your bríe,
fairheid glamourin my sicht,
  past aa thocht tho it soud be,
but the fairheid o your saul
  takin form in your bríe,
an the fairheid o your spreit,
  hert's mergh o my luve for ye.

XXXVIII

Labhair mi mu reic anama
    air do sgàth, a ghaoil:
toibheum, toibheum, toibheum grànda,
    toibheum ràbhain bhaoith:
an t-anam a reicteadh air do sgàth-sa,
    chan e a dh'fhàsadh saor,
an t-anam a reicteadh air do sgàth-sa,
    's ann dh'fhàsadh e daor.

XXXVIII

I spak o the sellin o my saul,
  my luve, for the sake o ye:
blasphemie, blasphemie, blasphemie foul,
  frae a wud lagamachie.
The saul for the sake o ye wes selt
  wad win nae libertie:
the saul for the sake o ye wes selt
  wad win tae slaverie.

XXXIX GRÌOSACH

Mar thèid grìosach mhall an teine
  'na caoir-lasair ghlain,
's ann tha 'n gaol a th' agam ortsa
  a' dol 'na adhradh geal.

XXXIX   GREISHOCH

Like sweirie greishoch frae the fire
*   blawn tae skyrie glimmer,*
sae wins my fainness, lass, for ye
*   tae hert-luve's white-het skimmer.*

XL MUIR-TRÀIGH

Chan eil mi strì ris a' chraoibh nach lùb rium
's cha chinn na h-ùbhlan air gèig seach geug:
cha shoraidh slàn leat, cha d' rinn thu m' fhàgail:
's e tràigh a' bhàis i gun mhuir-làn 'na dèidh.

Marbh-shruth na conntraigh 'nad chom ciùrrte
nach lìon ri gealaich ùir no làin,
anns nach tig reothairt mhòr an t-sùgraidh –
ach sìoladh dùbailt gu muir-tràigh.

XL   THE LAICHEST GRUNN

I wullna warsle the tree that wullna bou for me,
an ne'er on brainch nor beuch will the aipples growe:
I wullna say ye fareweill, ye gaed na awa frae me,
it's the ebb-tide o daith that wullna get full't wi a flowe.

The neap-tide's deidlie rug in the torkit corp o ye,
that wullna flowe at the new or the auld o the muin,
whaur the bonnie spring-tide o blyesomeness wullna
    return for ye,
but a twafauld outgaun doun tae the laichest grunn.

XLI

Chaidh mo ghaol ort thar bàrdachd,
thar mac-meanmna, thar àrdain,
thar sùgraidh, thar mànrain,
thar ealain, thar ceòl-gàire,
thar èibhneis, thar àilleachd,
thar dòlais, thar àmhghair,
thar cèille, thar nàdair,
thar an t-saoghail mhòir bhàrcaich.

XLI

My luve for ye's pass't ayont poesie,
ayont imaginin, ayont maucht,
ayont daffin, ayont diddlin,
ayont lair, ayont lauchter,
ayont fainness, ayont fairheid,
ayont grame, ayont greitin,
ayont knackerie, ayont naitur,
ayont the wecht o the walterin warld.

XLII TRÀIGHEAN

Nan robh sinn an Talasgar air an tràigh
far a bheil am beul mòr bàn
a' fosgladh eadar dà ghiall chruaidh,
Rubha nan Clach 's am Bioda Ruadh,
sheasainn-sa ri taobh na mara
ag ùrachadh gaoil 'nam anam
fhad 's a bhiodh an cuan a' lìonadh
camas Thalasgair gu sìorraidh:
sheasainn an siud air lom na tràghad
gu 'n cromadh Priseal a cheann àigich.

Agus nan robh sinn cuideachd
air tràigh Chalgaraidh am Muile,
eadar Alba is Tiriodh,
eadar an saoghal 's a' bhiothbhuan,
dh'fhuirichinn an siud gu luan
a' tomhas gainmhich bruan air bhruan.
Agus an Uibhist air tràigh Hòmhstaidh
fa chomhair farsaingeachd na h-ònrachd,
dh'fheithinn-sa an siud gu sìorraidh
braon air bhraon an cuan a' sìoladh.

Agus nan robh mi air tràigh Mhùideart
còmhla riut, a nodhachd ùidhe,
chuirinn suas an co-chur gaoil dhut
an cuan 's a' ghaineamh, bruan air bhraon dhiubh.
'S nan robh sinn air Mol Steinnseil Stamhain
's an fhairge neo-aoibhneach a' tarraing
nan ulbhag is gan tilgeil tharainn,
thogainn-sa am balla daingeann
ro shìorraidheachd choimhich 's i framhach.

XLII SHORES

Gin we war on Talisker tide
whaur thon mou sae white an wide
gants atwein twa clinty chafts,
Bioda Ruadh an Rudha nan Clach,
thare aside the sea I'd staun,
makin my hert's luve new again,
while the slaw incomin sweil
Talisker Bay for aye wad fill:
thare I'd staun on the forelann haw,
or Priseal's staig-heid loutit law.

Aye, an gin we twa in Mull
war stuid on Calgary's saut fail,
'twein Scotland's muntains an Tiree,
'twein midlert an eternitie,
thare I'd bide the lest trump blawn,
crottle, crottle, countin the saun.
Sae in Uist on Hosta plain,
thon braid an wasty grunn my lane,
thare I'd wait eternallie,
dreeple, dreeple, drainin the sea.

Aye, an gin on Moidart's shore
I stuid wi ye, my new-made care,
I wad upbigg in luve o ye
crottles, dreeples, saun an sea.
An gin we war on Stensholl Staffin
an the drumlie lannbrist scraffin
craigstanes up an ower us wappin,
a barmekin I'd bigg tae pall
runchin eternitie's ill-will.

XLIII   AM MÙR GORM

Mur b' e thusa bhiodh an Cuilithionn
   'na mhùr eagarra gorm
a' crioslachadh le bhalla-crìche
   na tha 'nam chridhe borb.

Mur b' e thusa bhiodh a' ghaineamh
   tha 'n Talasgar dùmhail geal
'na clàr biothbhuan do mo dhùilean,
   air nach tilleadh an rùn-ghath.

'S mur b' e thusa bhiodh na cuantan
   'nan luasgan is 'nan tàmh
a' togail càir mo bhuadhan,
   ga cur air suaimhneas àrd.

'S bhiodh am monadh donn riabhach
   agus mo chiall co-shìnt' –
ach chuir thusa orra riaghladh
   os cionn mo phianaidh fhìn.

Agus air creachainn chèin fhàsmhoir
   chinn blàthmhor Craobh nan Teud,
'na meangach duillich t' aodann,
   mo chiall is aogas rèil.

XLIII WAR 'T NO FOR YE ...

War 't no for ye, the Cuillin war
  a whin-blae barmekin,
a kirnell't merch-dyke girdin roun
  my hert's haill flochterin.

War 't no for ye, the siller scarp
  o Talisker's steive-pack't saun
tae my mangins war a merchless howe
  whaur luve's flane aye flew on.

War 't no for ye, the jowin tides,
  whiles lown an whiles aflocht,
wad hyste the sea-freith o my myn
  tae hichts o ennless saucht.

The broun an brannit muirlan
  wad rax braid as my ingyne:
but ye set thaim an obligement
  faur abuin my ain hert's pyne.

On a hilltap hyne the Harp Tree
  blew in bonnie grushie bluim;
amang its ryce your face, my mense
  an the like o a starnie's leam.

XLIV

Ged chuirinn dhìom èideadh
   faireachaidh na cluaineis
's nam falbhainn lom gleusta
   'nam chaoir cèille buadhmhoir,
ruiginn an sin crè-ghaol
   mo chèille luaidhe
's liùbhrainn do t' èibhneas
   caoir na cèille buadhmhoir.

XLIV

Gin I wad cast awa the clout
  o weill-kent swickerie,
an trimlie tirr't gae stappin out,
  wit's bleize o victorie –
the luve-hert thare I'd win about
  o my hert-luve's flichterie,
an gien for your delyte wad lout –
  wit's bleize o victorie.

XLV   AN SGIAN

Rinn sgian m' eanchainn gearradh
   air cloich mo ghaoil, a luaidh,
is sgrùd a faobhar gach aon bhearradh
   is ghabh mo shùil a thuar.

Thionndaidh mi gach mìrean lèige
   fo ghlainne gheur fhuair
is fo mo lasair chèille,
   a dh'fheuch iad ceudan uair.

An dèis sgeine, glainne, teine
   is gath nam faobhar giar,
beumadh, gearradh, losgadh, sgrùdadh,
   cha robh caochladh air a fiamh.

An t-seun-chlach geàrrt' am mìle mìrean
   cho slàn 's a bha i riamh,
air a prannadh ann am fùdar
   ach dùmhail leugach giar.

Mar a rachadh i an àireamh
   nam bruan geàrrte prann
's ann a ghabhadh i aonachd
   'na h-aonar cruaidh teann.

Dh'at i gu meud mìle chuantan
   is chaidh gach bruan 'na bhraon,
ach b' i uisge chaidh an cruadal
   le teannachadh at gaoil.

XLV   THE GULLIE

My hairns' gullie gied a scart
   tae the stane o my luve, my dou:
the bled o't scancit ilka spail,
   an it gied my ee its hue.

Ilk gowdie-crottle I whumml't ower
   aneth a cauld keen gless,
aneth the leam o my ingyne's lowe,
   an it gied thaim a hunner tests.

Efter the gullie, the gless, the gleid,
   an the stang o the bled sae keen,
hashin, sneddin, scowderin, sichtin,
   never a chynge wes seen.

Tae a thousan crottles the cherm-stane smash't,
   but its haillness ne'er wad it tyne:
runchit aa doun tae pouther sae smaa,
   but sherp, lourd an crystalline.

As the count o murlins haggit an frush
   grew mair an mair again,
in siclike wey it cam tae yin,
   steive an hard its lane.

It swall't tae the size o a thousan seas,
   ilk crottle a dreeple wes made,
but the gurge wi the straitenin swallin o luve
   tae the hard o an ice-flume gaed.

Bha a' chlach a fhuair a gearradh
  à m' aigne chumhang fhìn
air a bearradh gus a' mhòrachd
  a thoilleadh domhain-thìr.

Pioct' às mo chom, bha a miadachd
  os cionn mo thomhais chèin
's mar bhruan chrùb a creag-màthar
  am Betelgeuse nan reul.

A' chlach ghaoil a thàinig à m' eanchainn,
  's i ghabh am meanmna treun
gu robh i 'na màthair-meanmna
  da màthair-eanchainn fhèin.

'S e 'n gaol ginte leis a' chridhe
  an gaol tha 'n geimhlich shaoir
an uair a ghabhas e 'na spiorad
  gaol eanchainn air a ghaol.

Agus 's e a' chlach tha briste
  an leug shoilleir shlàn
nuair phrannar i le eanchainn
  gu barrachd cruais a gràidh.

A luaidh, mur biodh gaol mo chridhe
  ort mar chruas na lèig,
tha fhios gun gabhadh e gearradh
  le eanchainn chruaidh gheur.

The stane at wes sneddit free as a starn
   frae my ingyne's nerra boun
wes sneckit awa tae a bouk sae big
   it wad haud the haill mappamoun.

Sae gret wes 't, pykit frae my corp,
   ayont ocht I coud trace;
its mither-craig a murlin cour't
   in Betelgeuse in space.

The luve-stane springin frae my hairns
   tuik on a douchty saul:
an syne a mither-saul it wes
   tae'ts mither-hairn's sel.

The luve begotten frae the hert
   is the luve free tho in airns,
whane'er it taks intil its spreit
   the luve frae the luve o the hairns.

The stane forbye at's dung tae scowes
   is the gowdie haill an clair
whane'er it's smushit frae a hairn
   tae'ts luve-hard aye the mair.

Oh lass, war no my ain hert-luve
   for you like the diamant's hard,
I ken a hairn hard an sherp
   coud sned it doun tae shards.

XLVI AN DITHIS

Tha sinn còmhla, a ghaoil,
   leinn fhìn ann an Dùn Èideann,
is t' aodann suaimhneach còir
   a' falach leòn do chreuchdan.
Tha agamsa mar chuibhreann dhìot
   ceann grinn is colainn reubte.

Is beag mo thruaighe-sa a-nochd
   seach olc do cholainn creuchdaich,
ach le do thruaighe-sa tha m' ghaol
   air dhol 'na chaoir ghil leumraich,
a' losgadh am bruaillean mo chinn
   mo chuimhne air an tèile,
air tè nas rathaile 's nas bòidhche
   's i pòsta thall an Èirinn.

XLVI THE TWA

My luve, we're here thegither
   in Embra aa our lane,
your lown an kyn face dernin
   the pynin o your stoun,
a loesome heid, a riven corp,
   the skair o ye at's mine.

The duil at's mine is smaa the nicht
   tae your mairtyr't body's tein,
but wi the duil at's yours, my luve
   lowps in a white-het glaem,
scowderin in my ingyne's feim
   my myn o anither yin:
o her mair seillie, bonnier tae,
   waddit in Ireland hyne.

XLVII AITHREACHAS

Aithreachas an deaghaidh nam pòg
ga mo leòn fad na h-oidhche:
gu bheil uabhar mo ghaoil
a' magadh air do chor mì-aoibhneach;
gu robh neart òg mo cholainn
a' fanaid air adhbhar do thùrsa,
is t' àilleachd bhròin a' falbh 'na manadh
air rathad briste glas do chiùrraidh.

Carson, a Dhia, nach d' fhuair mi 'n cothrom,
mun d' shrac an t-òigear Goill do bhlàth,
mun d' rinneadh culaidh-thruais dhed bhòidhche
's mun d' leagadh suaithneas òir ri làr?

A Dhia, 's e bòidhche a' ghàrraidh
ged tha 'n giamh glas fo lì nam blàth,
nach fhan ri buidheachas an fhoghair
on bhuaineadh tìm is bun is bàrr.

XLVII PENITENCE

Efter the kisses, penitence
throu the lang nicht gawin me,
sen my gret luve's succudrie
lants the mischief faain ye;
sen my corp in youthheid's maucht
jamph't the ruits o kauch in ye,
your dowie fairheid flittin like a freit
alang your hert-sair's wan-blae brokken gait.

Whit wey, ah God, did I no get the chance,
afore thon Lawland callant rave your flouer,
afore your fairheid turn't tae maen an rue,
afore a gowden gumphion gat laired?

Ah God, whit bonnie bluims the garth,
the grey mauch dern't ablow its schene,
that winna bide the gowd o hairst
sen time an ruit an tap is mawn.

XLVIII IRISLEACHD

Mar riutsa tha m' irisleachd
co-ionann rim uaill
agus tha m' ùmhlachd is m' àrdan
'nan ceòl-gàire buan.

Sleuchdt' aig do chasan tha mo spiorad
air chorra-bhioda àrd
agus tha pian is luasgan m' aigne
'nam bras shuaimhneas tàimh.

'S 'nad fhaisge tha a' chòmhdhail
a th' agam rium fhèin
cho dlùth rium ri smior mo chridhe
's e falbh air binnean cèin.

Fhuair mi faoisgneadh às a' chochall
a rinn cor mo rèis
is dhiùchd bàrr-gùc m' anama
bho arraban 'na lèig.

XLVIII BOUSOMENESS

Wi you I'm jist as hummle
  as I'm proud, the twa as yin,
my bousomeness, my bigsieness
  is lauchter's lestie tuin.

Flatlins afore your feet my corp:
  my spreit on tipper-tae,
a raucle sauchtie deidliness
  my saul's wanrest an wae.

An close tae you, the meetin
  I win tae wi mysel
is near me as my hert's ain mergh
  atour a distant fell.

Furth hae I bursen frae the huil
  growen frae my vaigin's plicht,
an frae my duil my spirit's flouer
  stenn't tae a diamant bricht.

XLIX FO SHEÒL

Bha 'm bàt' agam fo sheòl 's a' Chlàrach
   a' gàireachdaich fo sròin,
mo làmh cheàrr air falmadair
   's an tèile 'n suaineadh sgòid.

Air dara tobhta 'n fhuaraidh
   shuidh thu, luaidh, 'nam chòir
agus do ròp laist' cuailein
   mum chrìdh 'na shuaineadh òir.

A Dhia, nan robh an cùrsa ud
   gu mo cheann-uidhe deòin,
cha bhiodh am Buta Leòdhasach
   air fòghnadh do mo sheòl.

XLIX   UNNER SAIL

My boat wes unner sail, the Clarach
   lauch't forenenst the sprit,
my caur haun on the tiller
   and the richt rowed in the sheet.

On the saicont thaft tae wunnward
   by my side ye sat, my quine,
an your lockers' lowein lingel
   roun my hert a gowden twine.

Ah God, but war thon vaigin
   tae my mangin's hinmaist dail,
no e'en the Butt o Lewis
   war a sairin for my sail.

L   CHAN EIL ANNS A' BHRÒN ...

Chan eil anns a' bhròn ach neoni
   's chan eil anns a' ghaol ach bruan
fa chomhair nan reul a' sgaoileadh
   's an saoghal a' dol 'na chuairt.

Agus liuthad millean bliadhna
   on thriall an Talamh 'na chaoir
agus liuthad millean iadhadh
   a thug e le thriall air gaol.

Dè dhòmhsa a mhillean iadhadh,
   dè dhòmhsa a chian-chùrs' aost'
a chionn nach toir e le ghrian-leus
   gnè shìorraidheachd do mo ghaol?

Seatadh e fad rèis a bhuantachd
   tro chluaintean glasa nan speur
a chionn nach dealbhar le buaidh e
   'na chumadh luaidhe dom chèill!

A chionn nach eil suim dar miannan
   anns an iadhadh bhiothbhuan chlaon,
chan eil mo shuim-sa ra cheudan
   no mhilleanan sgeulachd gaoil.

Nam b' urrainn aodann mo luaidhe
   bhith àlainn is buan gu bràth
bheirinn dùbhlan do Thìm le bhuadhan
   le nodhachd 's le luathghair fàis.

L   THARE NOCHT TAE DUIL ...

Thare nocht tae duil but niff-naff
 an luve is jist a mirlin
amang the sparpl't starnies
 an the flichtsome warld's birlin.

An the mony million years
 the warld hes walter't roun alowe
an the mony million times
 its walterin roun tae Luve wad rowe.

Whit recks its million circlins,
 or its auncient breinge tae me,
sen the skyre o'ts sunlicht canna
 grant my luve eternitie!

Lat it rant its race onendin
 throu the heivens' fields blae-bricht,
sen thare nocht can gar my raison
 see luve's image in its sicht!

Sen our mangins gangs for naethin
 as it sweils for aye asklent,
tae its hunner, aye or million,
 speils o luve, I tak nae tent.

Coud my luve's face hain its fairheid
 throu eternitie ennlang,
Time an aa its glore I'd brag
 wi'ts aye new-growein triumph sang.

LI CRÌONNACHD

Thuirt mo chrìonnachd ri mo chridhe
'n àm milleadh nan reul:
Tha thu cur ri bòidhchid
a bhios gud leònadh fhèin,
's ann ortsa thig an claoidheadh
le maoim-shruth nan speur.

Laigh mo spiorad breòite
ann an ònrachd a phèin,
a' plosgartaich ro uilebheist
nan tuiltean fuaraidh geur',
is thachd a' ghaoir aognaidh
an gorm-fhaoisgneadh treun.

Gun tuiginn fhìn an cràdhlot
a th' anns a' bhàthadh lom
agus brìgh a' mhàbaidh
tha 'n gàirich nan tonn,
mur togadh tusa t' aodann
chur caochlaidh air conn.

LI FORESICHT

Said my foresicht tae my hert
in the hour o the starns' wrack:
Ye're eikin tae a fairheid
till a skaith tae ye it mak;
on yoursel will faa the cummer
whan the heivens' fear-fludes brak.

My spírit lay forfochen
in the lanesomeness o 'ts gell,
chitterin anent the onbaest
o the onding cauld an fell,
an the gruesome gowl cam chowkin,
the bauld green braird tae quell.

I'd see hou sair 't wad pyne me
tae be droun't, gin thon war aa;
ken the gulliegawin bensil
in the buller o the swaw;
did ye no rax up your face
an gar my mense tae'ts deid-thratch faa.

LII TRÌ LEÒIS

Dom dhùr-amharc bha thu 'nad reul
's tu leat fhèin san iarmailt:
is thugadh dhut an dà leus
lem aigne thorrach 's m' iargain.

'S an uair sin bhoillsg thu le trì-
an-aon leus dìreach trianaid;
ach cha robh 'nam leòis dhian fhìn
ach clann do lìthe 'n iargain.

Bha mi feitheamh ris a' bheum
a mhilleadh do rèim le chrìonadh;
ach thug mi dhut na trì dhut fhèin
an ceann rèis deich bliadhna.

Oir nam b' iad mo leòis gin fhìn
a bheothaich lì 'nad lias-sa,
bu chinnt gun cailleadh iad am brìgh
le glasadh tìm deich bliadhna.

A shuilbhireachd 's a chridhe chòir
's sibh lòghmhor ann an aodann;
a mheallaidh cridhe 's a mheallaidh sùla,
ur n-ìomhaigh rùin a h-aogas!

Cha b' ann fada bha an tòir
a thug còrr 's deich bliadhna
an uair a bha an fhaodail còrr
's na dh'fhògnadh dòchas sìorraidh.

LII THRÍE STRAIKS

Steivelie I goam'd on ye, a starn
alowe your lane in heiven,
an twa bricht blinters gat ye frae
my mense's growthe an grievin.

An syne ye lowed, a trinitie,
thríe skyrie straiks in ane,
but jist your fairheid's gets in duil,
the fell straiks o my ain.

I waited on the wizenin dint
wad connach aa your pouer,
but gíed the thríe for ye tae hain
whan ten lang years wes ower.

For gin your ain straik's bonnieheid
cam but frae my straiks' shinin,
then siccar wad thay tyne thair mergh
throu ten lang years o crynin.

Oh lichtsomeness, leal-hertitness,
alowe in face sae bricht,
oh glamourie o ee an hert,
her bríe your loesome sicht!

It wesna lang, the lestie hunt,
tho ten lang years gaed by,
that led me tae a treisur-huird
o howp tae lest for aye.

135

LIII

Gur suarach leam an t-ar-a-mach mòr
a dh'fhòghnas do chor nan daoine,
on chunnaic mi ìomhaigh na tha còir
's i dealbhte 'm bòidhichid aodainn.

LIII

Whit recks tae me the michty revolution
that menns aa mankyn's race,
sen I hae seen the saul o honour's vision
in the fairheid o a face?

LIV CAMHANAICH

Bu tu camhanaich air a' Chuilithionn
's latha suilbhir air a' Chlàraich,
grian air a h-uilinn anns an òr-shruth
agus ròs geal bristeadh fàire.

Lainnir sheòl air linne ghrianaich,
gorm a' chuain is iarmailt àr-bhuidh,
an òg-mhadainn 'na do chuailean
's 'na do ghruaidhean soilleir àlainn.

Mo leug camhanaich is oidhche
t' aodann is do choibhneas gràdhach,
ged tha bior glas an dòlais
tro chliabh m' òg-mhaidne sàthte.

LIV DAWIN

Ye war the dawin ower the Cuillin
an day on the Clarach crouse an lichtsome,
the sun on his elbuck amang the gowd-rin,
an the white rose brakin the waa-heid's brichtness.

Skimmer o sails in the sun-spreckl't firth,
blae o the sea an gowd o the heivens,
day's airest peep in the swirls o your hair,
an daw in your chouks sae loesome leamin.

Ye war my jowel o day-scraich an derkness,
your bonnie face, your kynness hertsome,
houbeit the haw-gray stang o sorra
throu my daw-lassie's breist is dirdit.

LV CHAN FHAIC MI ...

Chan fhaic mi fàth mo shaothrach
bhith cur smaointean an cainnt bhàsmhoir,
a-nis is siùrsachd na Roinn-Eòrpa
'na murt stòite 's 'na cràdhlot;
ach thugadh dhuinn am millean bliadhna
'na mhìr an roinn chianail fhàsmhoir,
gaisge 's foighidinn nan ceudan
agus mìorbhail aodainn àlainn.

LV I CANNA TELL ...

I canna tell whit wey I warsle
tae pit my thochts in a leid that's fey,
nou whan Europe's foul sculduddrie
stauns in slauchter, stouns wi pyne.
Aye, but a million year wes gíen til's,
a mirl o a dowie, growthie share,
the douchtieness an tholin o hunners,
an the ferlie o a face sae fair.

LVI

’Na mo dheich bliadhna saothrach
riamh cha d’ fhuair mi dàn air faodail
cho suaimhneach ri do chuailean craobhach,
cho àlainn fosgailte ri t’ aodann.

LVI

In aa my ten lang years o trauchlin
I ne'er coud finn a sang by fortuin
as sauchtie as your swirlie lockers,
as furthie as your brie sae bonnie.

LVII   AN TATHAICH

Tha aodann ga mo thathaich,
ga mo leantainn dh'oidhche 's latha:
tha aodann buadhmhor nìghne
's e sìor agairt.

Tha e labhairt ri mo chridhe
nach fhaodar sgaradh a shireadh
eadar miann agus susbaint
a' chuspair dho-ruighinn,

nach tig tubaist air àilleachd
a dh'aindeoin cinntinn nam fàilling
a chionn gu bheil là aomte
cho saor ri là màireach,

agus gu bheil an tràth seo
os cionn gach caochlaidh 's àicheidh
a nì ceannairc èigheach
ra rèim a-màireach,

a chionn gu bheil i 'n-dràsta
gum bi 'cruth 's a bith gu bràth ann
agus nach urrainn caochladh
a h-aonachd a mhàbadh,

gu bheil roghainn miann na sùla
cho biothbhuan ris na rùintean
a ghabh an cumadh sìorraidh
am briathran ùra,

LVII   THE HANTIN

A face thare is hantin me,
nicht an day follain me,
a lassie's face owerreachin
ayebydanlie fleitchin.

Tae my hert it speaks:
"Twynin ye maunna seek
'tweesh mangin an the gain
ye ettle at in vain;

"Fairheid is safe frae skaith
in mauger o wanhap's growthe,
sen the day that's dwyned awa
is free as the morn's daw;

"An steivelie stauns this day
abuin aa chynge an renay
rowtin tae rise an owerturn
the pouer it hauds the morn;

"For this eternal Nou
in shape an life stauns true,
an chynge hes ne'er the skeil
its aefauldness tae skail;

"The wale o the greinin ee
bides throu eternitie
like saicrets shap't for aye
in words spang-new an blye;

145

gu bheil i cheart cho àghmhor
ri ealain an dà Phàdraig
ged nach cuir an cèill i
ceòl rèidh no clach gheàrrte,

's ged nach fhaod clàr dealbha
a cruth 's a dreach a thairgsinn
do na gineil ùra
gun smùradh coirbte.

O aodainn, aodainn, aodainn,
an caill, an caill thu 'n t-ioghnadh
leis na ghlac do bhòidhche
sòlas faoilidh?

Mur gabh clach no clàr do shamhladh
dè nì ealaidh chiùil no ranntachd
mur eil seòl an tràth seo
chur an càs staimhte,

mur eil seòl air bacadh
na h-uarach seo 's a glacadh
an gainmhich a' chaochlaidh
le faobhar acrach,

mun tog i na siùil ùra
gu dìochuimhne air chùrsa
's mun caillear a brèidean
bho lèirsinn sùla?

O aodainn a tha gam thathaich,
aodainn àlainn a tha labhairt,
an triall thu leis an àm seo
neo-ar-thaing t' agairt?

"Splendant it is an rare
as the twa Paitricks' lair,
tho 'ts naitur canna be seen
in sang nor kerven stane,

"An tho ne'er can its pentit brod
its form an colour bode
tae the risin bairntime
but wi brouk an bladdin fyled."

Oh face, face, face,
thon ferlie, will ye loss't,
the ferlie o your fairheid,
that fang't a kyn, blythe spreit?

Gin stane nor brod canna limn ye,
can the makar's airt e'er hymn ye,
gin this day's no tae be stappit
in ony ploy roun-happit,

gin howp thare nane o cleikin
this hour, an nane o steikin't
the shiftin sanns amang
wi an anchor's heuk for stang,

or it hystes the new sails syne
on a viage out o the myn,
an the sails tae curchies dwyne
as the een thair vision tyne?

Oh face aye at my hantin,
oh face sae bonnie speikin,
will this hour be your santin,
in mauger o your fleitchin?

147

Nuair chrìonas tasgadh gach cuimhne
a bheir gaol no smuain no suim dhut,
an caill thu mealladh t' aonachd
's tu faoin gun chuimhn' ort?

Chan iarrainn-sa gu bràth dhut
aon bhiothbhuantachd do t' àilleachd
ach na liùbhradh slàn i
dìreach mar a tha i.

Chan iarrainn gnìomhachd a' chiùil
's e ioma-bhriathrach ri ùidh:
chan iarrainn aon nì ùr
nach fhaca mi fhìn 'nad ghnùis.

Agus cha tugadh clàr dathte
do chuimhne ach aon aiteal
ged chùmteadh trian ded bhuadhan
'na thuar an tasgadh.

Mar sin, a thràth is aodainn,
feumar ur cuideachd daonnan
los nach bi 'n ceann na h-uarach
buadhan aomte.

A thràth de thìm, nuair dh'fhalbhas
do rèim mar an allacheo,
dè am breannachadh ùr-laist'
don diùchd t' fhalbhan?

O thràth de thìm, 's na thrèigeas
dhinne le do cheuman,
càit a bheil an cùrsa
bheir ùidh dhuinn no sgeul oirnn?

Wi the crynin o ilka memorie
gies luve or thocht or tent tae ye,
your haillness' chairm wull ye tyne,
aa mynin vanish't an vain?

Ne'er war the mint o my seekin
tae mak your fairheid ayebidin,
gin 't warna wi hainin it jist,
perfit as nou it is.

I wadna seek muisic's pouer
sae eloquent tae my care;
I wadna speir ae thing new
gin I saw 't na mysel on your brou.

An pentit brod wadna gie
but ae glent tae memorie,
tho a third o your vertues war hain't
in the loesome huird o'ts pent.

An sae, oh face an time,
eternallie maun ye jyne,
lest the tinsal o vertues aa
at the hour's waa-gang soud faa.

Oh mirl o time, whan your pouer
skails like a rouky scour,
whit new-enlichten't vision
wull tent your flichteriff steirin?

Oh mirl o time, an aa
in oursels that your staps beir awa,
in whitna viage will ony
tent us or tell o our story?

Na bha, 's na tha an-dràsta,
ged mhaireadh iad gu bràth dhinn,
ciamar thigeadh sgeul orr'
bho chèin-thràighean?

Dè 'n t-sùil a nì am faicinn
no chluas a nì an claisteachd
's iad air turas faondraidh
bhàrr smaointean aigne?

Ciod e an ceathramh seòl-tomhais
a bheir an àilleachd seo fa chomhair
sùla, reusain no aon chàileachd
thar fàsaichean glomhair?

Is dè a' chàil thar chàiltean
a mhothaicheas an àilleachd,
nuair nach nochd sùil no cluas i,
blas, suathadh no fàileadh,

's nuair nach bi i paisgte
an cuimhne bheò no 'm faisge
ris na smuainteannan siùbhlach
a dh'ùraicheas an tasgadh?

Mur faighear, air chor 's gum mothaich,
aon chàil eile no seòl-tomhais,
am bi cruth no bith aig t' àilleachd
an àrainn tìme 's domhain?

O aodainn a tha gam thathaich,
a mhìorbhail a tha labhar,
a bheil aon phort an tìm dhut
no balla-crìch ach talamh?

Gin aa in oursels in the bygaen,
an eenou, for aye wad be bidin,
hou wad thair wittins blaw
frae forelans hyne awa?

Whitna ee wull see thaim,
or whitna ear wull hear thaim,
as lanesome an dowie thay screinge
faurer nor thochts can reinge?

Whit fowert dimension wull airt
this fairheid inower an apert
tae ee's sicht, raison or thocht
the scarps o the void athort?

An whit sense transcendin the five
this bonnieheid's sel wull perceive,
sen it kythes na tae sicht nor hearin,
nor tae taste, nor smell, nor feelin,

an it isna tae finn in the saucht
o memorie's sweil, an thochts
in thair swythe-flíein raik tae mak new
aa thair treisurs, hae't nane in thair view?

Gin nae heicher sense can perceive,
nae faurer dimension gar 't líve,
wull your fairheid tak shape an exist
in the mairches o time's abyss?

Oh face aye at my hantin,
oh ferlie aye tae me speikin,
hes time ony hyne for your beild?
maun your anerlie merch-dyke be muild?

O luathghair dhaonda chuimir,
a bheil seòl-tomhais sa chruinne
a bheir dhut barrachd slànachd
na ceòl no clàr no luinneag?

Ma tha Arm Dearg a' chinne
an gleac bàis ri taobh an Dniepeir,
chan e euchd a ghaisge
as fhaisg' air mo chridhe,

ach aodann a tha gam thathaich,
ga mo leantainn dh'oidhche 's latha,
aodann buadhmhor nìghne
's e sìor labhairt.

Oh joy-sang o men, fair-fasson't,
hes the howe o space a dimension
wull hyste the haill You tae owergang
wark o muisic, or pictur, or sang?

No the deid-stour on Dneiper's howes
o the Reid Airmy o the fowk,
for aa the kyauves o 'ts heroes,
tuiches my hert the nearest.

But a face that's hantin me,
nicht an day follain me,
a lassie's face owerreachin
ayebydanlie speikin.

LVIII

A nighean 's tu beairteachadh
tacan tha trèigsinn,
ciamar a bhacar leinn
cas-ruith a cheum-shruth?
Ciamar a ghlacar leinn
fras-bhlàth a chèitein?
Ciamar a thasgar leinn
'm basgaidean leug e?

O nighean 's do mhala gheal
laiste le bòidhchid
mar ris a' chamhanaich
laiste le h-òige,
's tu chuireas brasadh air
m' aignidhean còmhla
's a ghrìosas gu cabhagach
marc-shluagh a' cheòlraidh.

O sheallaidh chiùin fhosgailte,
mosgladh na còireid,
ciamar a chosgar leam
dos-bhlàth do ròsan,
agus tu nochdadh dhomh
bochdainn mo sheòltachd
`s mi feuchainn ri deocadh às
socrachd a bhòidhchid?

O aodainn shàr-shnaidhte
fo t' aighear geal èibhneach,
ciamar a ghlacar leinn
fasan a sheuntachd;

154

LVIII

Oh lass makin rowthie
ilk meinit swith-fliein,
whit bann can we mak
tae its fuit's swippert rinnin?
Whit claucht can we mak
for its voar's petals sparplin?
Whit creel fou o gowdies
wull sair tae its hainin?

Oh lass wi your brou
lowein white wi its fairheid,
the glim o its daw
lowein skyre wi its youthheid,
't wes you gart my thochts
aa gae breingin thegither,
an kennl't the Muses'
horse-troops tae a whidder.

Oh lown luik ondernit
aa kynness awauk'nin,
whit wey maun I daunton
your rose-buss's flouerin:
whan aa my skeil's puirtith
kythes clair in your shawin,
whan aa its steive fairheid
tae waucht out I'm ettlin?

Oh face finely kerven
ablow your fair fainness,
whit claucht can we mak
tae the shape o its glamour;

155

ciamar a thasgar leinn
frasan a leugachd
mum bi e falaichte
thairis an cèin-thìr?

O aodainn ghlain, aodainn,
nach saoirteadh do bhòidhchead
bho chumhachd gach baothalachd,
aomadh is dò-bheairt!
Nach cùmteadh mar fhaodail e
caoin air a stòradh
am fasgadh gach caomhalachd
saoir th' aig a' cheòlraidh!

whit pose can we finn
for its sparples o gems
or it eilies tae dern
in a hyne-awa kintra?

Oh face, saikless face,
wha coud set free your fairheid
frae aa pouer o dafferie,
ill-will an crynin!
Wi kynness we'd hain it
a weill-airtit gowdie,
safe beildit in ilka
free lythe o the Muses.

LIX MHICGILLEMHÌCHEIL ...

MhicGilleMhìcheil, 's tric mi smaointinn
air gach faodail a fhuair thu;
agus do shaidhbhreas gach aon latha
gun charachd gheur, gun bhruaillean:
gun d' fhuair thu àgh is sonas ceòlraidh
gun ghleac ri ònrachd 's fuathas,
's nach ann mar sin a bhitheas dhuinne
ri sgal guineach an fhuaraidh.

Ach, Alasdair MhicGilleMhìcheil,
thàinig gun strì dhomh luathghair
ann an geal mhaise aodann nìghne
a dh'aindeoin brìgh a bhuairidh:
agus air latha thàrladh dhòmhsa
ealaidheachd òir gun luasgan,
's i coimhlionta, mar thàinig ortsa,
gun mheang, an Ortha Bhuadhach.

LIX CARMICHAEL ...

Carmichael, mony thochts I hae
o aa your weill-funn graith;
hou ilka day ye wan your walth
wi nae sair fechts nor wraith:
the Muses brocht ye sonse an cheer
but tyauves wi dreidour waff,
an naeweys will't be sae for us,
in gawin norlan blaff.

But, Elshiner Carmichael,
tyauvin nane I funn a sang
o joy in ae braw lassie's blie:
aa fash its fairheid dang.
An yince langsyne thare cam tae me
a gowden lilt o paece,
aefauld an haill as cam tae ye
the perfit Hymn tae Grace.

LX

Nuair chunna mi 'n cùl ruadh a-raoir
's a' bhathais aoibhinn bhòidheach,

's ann fo chòta truagh an rìgh
a leum an cridhe gòrach.

Air na bh' ann a chòmhlan sluaigh
cha robh, a luaidh, do sheòrs' ann:

air na bh' ann a dh'aigne gheur
b' e thus' thu fhèin mo chòmhlan:

air na bh' ann a dh'inntinn mhòir
's tu fhèin a dh'fhòghnadh dhòmhsa:

air na bh' ann a dhùrachd mhòir
cha b' i siud dòrainn m' fheòla:

chunna mi 'n cùl ruadh a-raoir
's a' bhathais shaidhbhir bhòidheach.

Chunna mi 'n cùl ruadh is dhùisg
seann roinneadh ùr 'nam fheòil-sa.

LX

Whan I saw the reid lockers yestreen,
an the brou sae loesome an bonnie,

ablow the shan duds o the king
the hert in'ts daftness gaed lowpin.

Gin I thocht o my feires amang fowk,
ne'er a yin, my jo, wes your marra;

gin I thocht o the sherpness o sicht,
than my feire wes you an nae ither;

gin I thocht o the gretness o myn,
you alane coud slocken my greinin;

gin I thocht o the lealtie o hert,
't wesna thare my lyre hed its pynin:

I saw the reid lockers yestreen,
an the brou sae fouthie an bonnie.

I saw the reid locks, an thare wauk't
in my lyre anew an auld twynin.

Dimitto

Thalla, a leabhair bhig neo-euchdaich:
amhairc a-steach 'na sùilean leugach:
ge bacach thu, chan eil thu breugach:
'n àm sgaoileadh sgiath bidh tu thar shlèibhtean.

Dimitto

Nou gang your gait, wee mauchtless screid,
gang on her glentin ee tae gove:
ye hirple, but ye haena lie'd:
whan wings rax wide, the heichts ye'll tove.

Beag-fhaclair

Sgrìobag mun litreachadh

Chan eil aon dòigh 'cheart' ann air Albais a litreachadh. Bha sgrìobhadairean riamh a' toirt saorsa dhaib' fhèin an litreachadh fhèin a thaghadh: uaireannan airson blas àraidh tè de dh'iomadh dualchainnt na cànain a leigeil fhaicinn; uaireannan dìreach airson rud ùr fheuchainn – is uaireannan, 's cinnteach, airson nach b' aithne dhaibh an còrr. Ach mura bi dòigh litreachaidh idir againn, cha bhi cànan air stèidh cheart againn. Agus airson Albais tha an Scotscreive (no Albsgrìobh) aig Seòras Philp, sgoilear air a bheilear eòlach mar fhoghlamaiche sa chànain agus a tha na dheagh charaid agam fhìn o chionn fhada, air dòigh cho math is a dhealbhadh thuige seo. Tha i a' saoradh na cànain bhon chlaonadh eadar fuaim is litir a tha a' nochdadh sa Bheurla – gun cheist! – is cuideachd ann an cuid mhath de mhodhan litreachaidh eile na h-Albais; agus tha suim chiallach aice do dh'eachdraidh na cànain, le litreachadh cunbhalach air facail aig an robh an aon fhuaim ann an seann chànain nam Makar. Mar sin, ged a gheibh leughadairean trealaich de litreachadh an seo nach fhaca iad roimhe, ma thèid iad an sàs ann chan fhada gus an cluinn iad blas beairteach an cànain mhàthaireil gu faramach nan cluasan mar a leughas iad.

Wird-leit

A notie anent the spellin

Thare nae single 'richt' seistem o spellin for the mither tung.
Screivars hes aye hauden thairsels at libertie tae wale thair
ain spellins: whiles tae shaw furth the soun o yin or anither
o the mony dialecs o the leid; whiles jist tae experiment –
an whiles, I dout, acause thay kentna thairsels hou tae dae 't.
But wantin ony seistem avaa, we haena a richtlins upbiggit
leid. For the mither tung, the Scotscreive o George Philp, a
weill-kent scolar o Scots lear an leid an an auld and trusty
feire o my ain, is as guid as ony seistem creautit or nou.
It hains the leid frae mony o the switherins atweish soun an
letter at kythes in English – in course! – an forbye in a whein
ither orthographies for Scots; an it taks richtfu tent o the
history o the leid, gíein a raiglar spellin tae wirds at hed the
ae soun in the auld Scots leid o the Makars. Houbeit aa
readars o this buikie wull finn a curnie spellins thay haena
seen afore, gin thay turn thair thoums til't it winna be lang
or thay hear the fouthie souns o the mither tung dinnlin in
thair lugs as thay read.

Wird-leit

abuin – above
adae – ado, to do
aefauldness – unity
affeir – matter, effect
aflocht – active, restless
afouth – in abundance
agin – against
aiblins – maybe
air – early
airn – iron
airns – irons, chains
aisement – ease
aiverie – greedy
alowe – aflame
anent – concerning
anerlie – only
apert – open(ly)
areir – backwards
asklent – squint, off the road
athort – across
atour – over
attery – poisonous
atweish – between
aucht – possession
ayebidin – eternal
ayebydanlie – eternally
bairntime – generation
bale – bonfire
ballant – ballad, song
bann – boundary
bardrie – poetry
barmekin – rampart
bear (pt. bure) the gree –
                    win the prize
bedritten – stained, dirtied
beild – shelter

ben – mountain
benmaist – inmost
bensil – force, violent movement
bigsieness – pride
birl – whirl
birse – bristle
blad – stain, defile
blaff(ert) – gust of wind
blaik – black
blastie – stormy
bled – blade
bleize – blaze
blinter – ray, beam (of light)
bluim – bloom
blye – joyous
bode – offer
bonnie – fair, beautiful
bonnieheid – beauty
borra – ransom
boss – empty
bouk – body; size, bulk
boun – boundary
bounheid – readiness
bousomeness – humility
bowff – bark
braeside – hillside
brag – defy
braird – sprout
brangle – tumult, confusion
branks – bridle
brannit – brindled
breinge – rush headlong
brent – new
brie – complexion
brisket – breast
brist – burst, broken

166

brod – board
broderie – embroidery
brou – forehead
brouk – dirt
bude – must, have/had to
buird – table
buit – profit (whit buits it – what's the use)
buller – surging, turbulence
buss – bush
but – without
bygaen – the past
cairtless – uncharted
callant – young man
camsheuch – crooked
cankert – angry
cannie – careful, prudent
cark – trouble
cauldrife – cold
caur – left (hand)
chate – deceit, fraud
cheil – man, person
chirt – grab
chitter – tremble
chouk – cheek
chowk – choke
clarsach – harp
claucht – grasp, seizure (n), – seize (v)
claver – converse
cleik – catch, hold
clint – rock
clinty – rocky
clout – garment
connach – destroy
corp – body

cour – crouch
crack – conversation
craigstane – boulder
creel – basket
crottle – fragment
crouse – cheerful
cryne – shrink, wither
cummer – distress
curchie – handkerchief
curnie – small quantity, a little
dafferie – frivolity
daffin – love-talk
dail – goal
darg – labour, task
daunton – intimidate
daur – dare
daw – dawn
deid-stour – death-struggle
delírit – delirious, maddened
dell – haven, place of safety
depuirit – purified
dern – darkness (n), hide (v)
diddlin – humming
ding, pt. dang, ppt. dung – beat; excel
dink – haughty
dinnle – resound, vibrate
dint – blow
dird – thrust violently
doitrifie – confuse
doubleness – duplicity
douce – gentle
douchty – bold, forceful
dowie – gloomy
dreeple – drop
dreich – dull

dreidour – terror
drie – suffer, endure
drowe – faint(ness)
drumlie – cloudy, dull
duds – rags
duil – sorrow
duilie – agonising
duim – doom, fate
dunch – crash
dunnerin – thundering
dwaiblie – feeble
dwamle – faintness
dwyne – decline, fade
eilie – vanish, fade away
eimis – fickle, uncertain
eik – add to
elbuck – elbow
endyte – writing
enew – enough
ennlang – from end to end
ergh – cowardly
ettle – intend, intention
fail – turf
fainness – delight
fairin – reward
fang – grasp, seize
fash – anger, trouble
fashious – irritable, troubled
fasson – shape, fashion
faul – fold, enfold
fauld – (sheep-)fold
fecht – fight
feck – greater part
feichie – sickening
feim – rage
feire – friend

feirich – ardour
fell – fierce, cruel
fell – upland
ferlie – wonder
fey – doomed
fivver – fever
flane – arrow
flatlins – prostrate
flaucht – flash
fleitch – plead
fleme – put to flight
flichterie – ardour
flichteriff – fluttering
flichtsome – flighty
flochterin – restlessness
forelan – shore
forenense, forenenst – in front of
forenicht – evening
forfochen – exhausted
fousome – foul, repulsive
fouth – abundance
fraucht – burden
freit – omen, premonition
frush – brittle, fragile
furthie – friendly, affable
fyle – defile
gae – go
gait – way, road
gant – gape
gar – make
garth – garden
gash(lie) – grim, forbidding
gaw – wound
geck – mocking gesture
gell – agitation
gentie – kindly

gentrice – gentility
gets – offspring
glamourie – spell, charm
glaum – snatch
gleg – smart, keen
gleg-sichtit – keen-sighted
gleid – spark, firebrand
glent – gleam
glim – glimmer, faint light
glisk – glance
glister – glitter
glore – glory
gloze – blaze
goamless – unseeing
gove – gaze
gowd – gold
gowden – golden
gowdie – jewel
gowd-rin – golden rivulet
gowk – fool (n and v)
gowl – howl
gowster – bluster
gowsterous – stormy
gowstie – stormy
graff – grave
graith – wealth, treasure
grame – anger
granderie – pride
grein – long(-ing)
greishoch – embers
grewhunn – greyhound
grunn – ground, sea-bed
grushie – luxuriant
gullie – knife
gulliegaw – hack, mutilate
gullion – marsh

gumphion – banner
gurge – surge
gurly – stormy, blustery
haar – sea-mist
haet – trace
hag – cut
haill – whole
hain – keep
hairns – brains
hant – haunt
hap – luck, chance
hard – hardness
hard – heard
hash – hack
hauflins – half, half-way (adv)
haw – barren
haw-gray – wan
hecht – promise
hyste – hoist, raise up
hert – heart
heuch – crag, cliff
híegaits – highways
hinmaist – final
hirple – limp
hirstie – parched, barren
houbeit – although
howe – flat land, hollow, depth
howp – hope
huil – husk
hunn – hound
hyne – haven
hyne(-awa) – far away
hythe – shelter
ice-flume – glacier
ilk(a) – each, every
ingyne – intellect

inower – within, inward
intil – in, into
jamph – jeer at
jaup – splash
jaw – swell, surge
jowe – surge
kauch – worry, anxiety
keich – filth
kelter – tumble
kemp – champion (n),
        – campaign (v)
kennin – knowledge
kennle – kindle
kerven – carved
kirkyaird hoast – consumption
kirnell't – battlemented
kist – box, coffin
knackerie – skill
kyauch – care, struggle
kyauve - struggle
kythe – appear
lagamachie – nonsense
lair – learning
lair – cast down to earth (v)
laithlie – loathsome
lang – long, belong
lannbrist – crashing waves
lant – mock
leal – loyal, true
lealtie – loyalty
leam – gleam
leid – language
leifer – rather
Lentren – Lent, fast-days
lestie – enduring
ley – fallow ground

lichtlie – disparage
lichtsome – light-hearted
lift – sky
limn – draw, paint
lingel – rope
link – lock (hair)
lint – flax
lippin – brimming
locker – curl (hair)
loesome – lovely
loss – lose
lourd – heavy
lout – bow down
lou-warm – lukewarm
lowe – flame (n and v)
lown – calm, peaceful
lowp, pt. lap – leap, jump
lyre – flesh
lythe – shelter, protection
maddram – madness
maik – image
maikless – matchless
mairch – boundary
makar – poet
maen – lamentation
mangin – longing
mankit – damaged, disfigured
mappamoun – world
marra – match, equal
mauch – maggot
maucht – power, might
mauger – in spite of
meingie – mean
mell – mingle
menn – serve, save
mense – sense, reason

menseless – unthinking, oblivious
merch-dyke – boundary wall
merchless – endless
mergh – pith, marrow
merghless – feeble
midden – dungheap
midlert – the world
mineer – uproar
mingie – multitude
mingin – foul
mint – intention
mirk – dark
mirlin – crumb
mishanter – misfortune
mogert – spoiled, defiled
mortclaith – shroud
mou – mouth
muckle – big, much
muild – earth
murlin – fragment
murn – mourn
musardrie – idle dreaming
myn – mind, remember
nerra – narrow
nicht – night
norlan – northern
nott – needed
onbaest – monster
onbroukit – flawless
ondernit – unconcealed
onding – downpour
onfaa – attack
ongaun – event
onkent – unknown
outskraich – howl aloud

owerreachin – victorious, triumphant
pall – baffle
pang – cram
pauchtie – proud
plicht – plight, condition
plotit – flayed
ploy – venture
pose – purse
pouch – pocket
poust – push, thrust
pouther – powder
príe – taste
prig – pray, beg
puirtith – poverty
pyke – pick-axe (n and v)
pyne – torment (n and v)
quine – girl
quo – said
rack – flying clouds
raik – journey, course
ramstam – headlong
rangle – rabble
raucle – bold, rash
rax – stretch out
reck – matter, be important
reft – theft
reid – red(-haired)
reinge – range
reiver – robber
renay – denial
risk – uproot, tear away
rive, pt. rave – tear
roch – rough
rochian – thug
rouky – foggy

rowe – turn; wrap, enfold
rowt – cry, roar
rowth – abundance
rowthie – abundant
rug – tug, pull
ruise – praise
ruit – root
runch – grind
ryce – branches
saikless – pure, spotless
sair – deserve, serve
sant – vanish away
saucht – calm, peace
saul – soul
scabbit – bare, barren
scance – look at, examine
scant – lack
scarp – barren land
scart – scratch, incision
scaup – barren land
sclim – climb
scog – shadow
scour – rush; rainstorm
scowder – burn
scowes – smithereens
scowth – scope
scraff – drag
scraich – break (of day)
scrat – puny creature
scrauch – cry
screid – writing
screinge – search, hunt
scuil – school
sculduddry – whoring
sea-freith – crested waves
seil – joy

sel – self (sel an same – identical)
ser – serve
sey – trial
seyer – one who tries or tests
shan – shabby
shap – shape, form
shene – shine, lustre
shilp – weakling
shilpitness – feebleness
sin – sun
sinnert – sundered
skail – scatter, disperse
skair – share, part
skaith – injury
skeich – restless, skittish
skeil – skill, ability
skeily – skilful
skimmer – brilliance
skinkle – sparkle
sklent – turn aside
skyme – glimmer
skyr(i)e – radiant
slatch – morass
slocken – slake, relieve
smirkle – smile
smuir – smother
smush – smash
sneck – clip, snip
snick – steal
sned – cut away
snorl – twist, entangle
sonse – prosperity
soup – sweep
souther – bind together
spail – part, fragment
spang – leap (n and v)

spang-new – brand-new
sparple – scatter
speil – tale
speir – ask
spindrift – blown spray
spirlie – slender
splendant – resplendent
spreckle – mottle, dapple
spreit – spirit
spreitsome – spirited
staig – stallion
stainch – staunch, firm
stang – wound, affliction (n),
    – sting, stab (v)
stap – pack, force into
starn(ie) – star
steich – steepness
steid – place; track, print
steik – pierce; stitch, sew up
steir – move, range
steive – stout, firm
stenn – stride, leap
stint – stop
stoun – torment, anguish
stown – stolen
straik – strike; dart; ray
straiten – tighten
strauchle – struggle
straucht – straight
styme – trace, particle
succudry – excessive pride
swaw – wave
swee – waver, sway
sweil – enfold, enwrap
sweil – swell (of the tide)
sweirt – reluctant

swick – cheat
swickfu – treacherous
swippert – agile
swith, swythe – swift
syne – since, ago
taigle – muddle, confuse
tawpie – silly girl
tein – sorrow, suffering
tent – heed, care, attention
thaft – thwart
thegither – together
thir – these
thirl – pierce
thirldom – bondage
thole – endure
thrang – thronging, bustling
thratch – death-throes
thring, pt. thrang – thrust
tinsal – loss
tipper-tae – tiptoe
tirr – strip
torkit – tortured
tove – soar; talk, converse
traik – wander
traitorie – treachery
trauchlin – exhausting labour
trig – neat
trimlie – neatly
trou – believe
tuim – empty
tuin – tune
twa – two
twyne – part, separate
tyauve – struggle
tyne – lose
ug – disgust (n and v)

unsiccar – insecure, uncertain
vaig – wander
vaigin – wandering
vauntie – proud
viage – voyage
voar – spring
voustie – proud
vrocht – worked, made
vyce – voice
waa-gang – departure
waa-heid – horizon
wad – wed
wae – woe, sorrow
waff – spiritless (adj),
     – fool (n)
wafferie – foolishness
waffle – wavering
wale – choice
walter – roll
wan-blae – livid, deathly pale
wandocht – feeble person
wanhap – mischance
wanhope – despair
wanluck – misfortune
wanrest – restlessness
wanrestfu, wanrestie – restless,
     troubled
wap – wave, shake, throw
war – were
warsle – struggle (with)
wauch – insipid
wauchsome – feeble, helpless
waucht – drink deeply
weill-faured – well-favoured
weird – fate
wersh – bitter

whein – a few
whidder – rushing noise
whin-blae – granite blue
whummle – overturn
whuttle – knife
widdreme – delirium, nightmare
will – fierce
willsome – wild
win, pt. wan, tae – reach
wist – knew
wizen – shrivel, wither (tr or intr)
wormit – wormwood
wrack – wreck
wraith – fury
wrocht – worked, made
wud – mad
wuid – wood
wuidin – forest
wullfire – lightning
wunn – wind
wyceheid – wisdom
wycin – learning
wyte – blame
wyte – think, be sure
wyve – weave, knit
yauff – bark
yella – yellow
yerk – jerk, tug
yince – once